李林淑 이임숙——著
陳彥樺——譯

我想遇見這樣的大人

아이의 방문을 열기 전에
10대의 마음을 여는 부모의 대화법

兒少諮商專家親授5技巧 打開青春期孩子的心房

各界推薦

李林淑在書中的〈序〉提到，自己十五歲時過得不好，因此想為這年紀的青少年做點什麼。這樣說起來，我們家剛滿十六歲的龍鳳胎真是拿來驗證書中提供親子相處方法的最好樣本。李老師建議父母要愉悅、接受、好奇與共鳴，這四點太得我心了，因疫情停課一起關在家裡時，學著牢記這些要訣與他們相處，居然換來很舒服的居家時光。

——**王蘭芬**（作家）

當你因為猜不透青少年的想法、或者他們不願意清楚對你表達想法而感到挫折或生氣時，你只需要提醒自己：「他們不是故意的，因為，他們也不知道自己到底在想什麼、想要什麼。」

換句話說，青春期的內在世界經常是混亂且衝突的。也正是如此，我們才需要用更沉著的態度、智慧的人生經驗，來陪伴眼前這個孩子走過混亂的發展階段。

誠摯向您推薦這本書，作者直接舉出青少年階段常見的內在狀態，並與讀者分享具體的因應策略，幫助你陪伴孩子走過青春的風暴期。

——**胡展誥**（諮商心理師／作家）

我從未讀過這麼深入淺出的教養作品，李林淑治療師用親切的語言為我們整理了許多重要的心理學發現，以多個實例教導做為家長的我們去發現孩子負面行為背後所隱藏的「正向積極的意圖」。趕緊打開這本書，讓她帶領你成為自己孩子的煩惱諮商師吧！

——**鐘穎**（《故事裡的心理學》作者／愛智者書窩 版主）

CONTENTS

04

我也有希望嗎？

序言——

假如回到十五歲，我會想跟父母請求什麼幫助？

我很後悔自己在青少年時期過得不是很好，也很想幫助現在的青少年，所以我努力去了解我的孩子，並丟了這個問題問自己。

國中時，我有一個好朋友，他不是很會讀書，個性也不活潑，是一位很沒有存在感的朋友。某天，朋友突然開始變了。個性漸漸開朗，開始有領導者的風範，成績更是突飛猛進，大家都很好奇他怎麼可以有這麼大的改變？傳聞說他一百八十度大轉變跟一位大人有關，而這位大人究竟是他的父母，還是補習班老師，不得而知。最重要的是，聽到此傳聞的朋友們，個個皆充滿相同羨慕的眼光。

「我也想要遇到這樣的大人。」

覺得讀書很無趣，身上過剩的精力又無處發洩，整天只知道玩，如此徬徨的青少年都希望自己能遇到一位可以協助平復心情，引導自己前往正確方向的大人。

現在的青少年與父母輩的青少年時期甚是不同。現在的青少年沉迷於智慧型手機裡的遊戲和社群網站，瘋迷偶像藝人。他們聽不進老摳摳的忠告與訓誡，再加上心裡的憤怒與不安，引起脫軌與攻擊性的行為，使大人不僅難以靠近他們，甚至對他們感到畏懼。就連看似過得很順遂的孩子，其內心深處仍會恐懼未來，擔憂自己做不好。

那麼，現在孩子的心理到底跟父母輩青少年的時候有何差別？其實，根本沒有差。現在的孩子同樣會想成為一個受人認可、有能力的人，他們渴望身邊出現一位大人幫忙穩住自己浮躁的心，帶他們走出不安的世界。如果想要幫助他們走出這個不安期，你可以試想：假如回到十幾歲的自己，你希望父母能夠

給予什麼樣的幫助？

希望父母能真心關心我；
雖然知道自己還有所不足，但希望父母能認可我的努力與成果；
希望父母能夠栽培我成為一個會讀書的孩子；
希望父母能允許我瘋狂沉迷自己喜歡的事物；
倘若遇到危險或誤入歧途時，希望父母能強而有力地保護我。

如果我能為寶貝的孩子成為這樣理想的父母就好了。成為理想父母的第一步是打開孩子的心房。青少年不願聽到的忠告與訓話更容易導致他們越走越偏，安東尼・聖修伯里藉著《小王子》告訴大家：「得到人心是世上最困難的事。」一如他所說，想要虜獲一個人的心非常不簡單，但是父母與子女的關係非同小可，即使是關上房門不願聽到任何話的青少年，他們仍懇切地希望父母幫他們打開心房，期待父母能於他們辛苦的時候給予依靠，透過一些暖心的話幫助他們的內心變得更加堅強。

因此，打開十幾歲孩子的心房之前，首先應該知曉他們等待的是什麼？要以什麼表情面對他們，跟他們說什麼話才好？只要稍微準備一下，孩子定能以燦爛的微笑回應。雖然我提供的方法並不是萬能鑰匙，不能打開所有孩子的心房，但期待各位能夠透過本書找到開啟孩子的那把吻合鑰匙。

願我們的孩子都能閃閃發亮地成長，度過一段改變人生的魔法時光。

二〇一九年夏天
李林淑

事先說明

本書收錄的案例非為特定的諮商案例，

而是一般青少年會遭遇到的狀況。

01

我家孩子
為什麼會這樣？

青少年最大的煩惱

父母懇切與不安的心情

黃金般的青少年期，為什麼我家孩子是這副模樣？

應該是熱血沸騰，努力拚未來的重要時刻，為什麼總在做別的事？

到底，我該怎麼做孩子才會改？

父母著急的心情，孩子都懂嗎？

青春期孩子看似對未來一點想法都沒有，一有空就拿起手機玩遊戲或瀏覽社群網站，把讀書擺在一旁，成績一路下滑。原以為他們可能有其他的才能或喜歡什麼興趣，但孩子一副就是對任何事毫無關心，一點都沒有年輕人該有的熱血及好奇心。父母在背後守候他們，想要推一把，卻沒有東西可以推，心裡實在著急。

現在研究指出，父母希望孩子成績能提升是一種過度的欲望，很有可能造成孩子不想讀書。可是，就這樣放任下去，孩子真的能進一所好大學嗎？滿滿的擔憂堆積如山。雖然他沒有遇到同儕霸凌，也沒有闖禍，乖乖地上學，身為父母應該謝天謝地。可是，大腦這麼想，心裡卻羨慕著別人家的小孩可以自動自發念書。

父母看著這樣的青少年子女，一方面焦急一方面又不能說什麼，都希望我能告訴他們該怎麼辦，有沒有什麼好方法可以改變他們的孩子。依我多年的諮商經驗，要是能有一枝魔法棒，揮一下就能改變孩子就好了。可世上沒有這種東西。老實說，青少年同樣也是許多精神科醫生與心理諮商師們的黑洞，換句話說，要改變青少年內心的混沌，引導他們走入正途，很不容易。為什麼這麼難？為什麼青少年不會努力改正自己，而把問題都怪罪於父母或身處環境？難道這世上沒有可以改變青少年孩子的妙招嗎？

找尋答案之前，我們需要先知道一件重要事實：**覺得改變孩子不易的最大原因是我們都以父母的視角看待孩子的問題行為**。父母訴苦的內容全都是事實嗎？難道青少年真的就如父母所說的，沒有任何想法，只知道玩手機嗎？我身為一位成年人，當然更能理解父母或教師的心情。所以，在認識孩子內心之前，我很有可能以大人的眼光批判孩子的錯。

正式從事心理諮商，了解青少年孩子真實的內心想法之後，相較於擔憂，我更為他們感到惋惜。**大部分我們所認知的問題開端，皆因父母從小就一直將孩子視為問題看待，或是父母總是依照自己的認知方式養育孩子——或許比起改變孩子，更難改的是父母對孩子的負面印象與固有觀念。**因此，現在正為了孩子的問題行為而煩惱的父母們，必須先檢視自己的孩子是否真的有問題？他們真的有這麼多問題嗎？他們到底在想什麼？你了解他們的內心嗎？

與許多青少年聊過以後，最令我感嘆的是，即使他們在青春期，態度變得狂妄了一些，但依舊渴望擁有一個有意義與價值的生活。由於不知道該怎麼做，他們只能跺腳生氣。內心急迫，可是不知道解決辦法，令他們感到很混亂。若將這般心情告訴父母或老師，常常得到的唯一答案是「努力讀書」。坐在書桌前動彈不得地拚命念書，既無趣又毫無意義，看了也是白看。可是，從大人身上得到的答案只有這個折磨人的讀書，再度讓他們受挫。尋求心理諮商的青少年們，其中也有拜託我幫助他成為很會讀書的孩子。由此可見，父母擔心孩子不讀書，孩子則擔心自己不會讀書。

老實說，孩子對讀書的煩惱勝於父母，但他們告訴大人之後，大部分的父母都不相信，並反問：「既然這麼煩惱，好好讀書不就得了？」倘若父母能夠記得自己青少年時期的模樣，或許可以多了解一點孩子的內心想法。但令人惋惜的現實是父母很少有有餘力去理會孩子的真實內心。

所以，要更正孩子的行為，先要理解孩子的內心。想要一個人瞬間擁有一百八十度的轉變，其實不太可能。但內心改變，行為也會隨之改變，因此，父母應先拋開原有看待孩子的視角，細心觀察孩子內在的可能性與潛力。現在，讓我們正式開始認識青少年的心理吧！

青少年的煩惱第一名

出乎意外地，孩子外表看似在虛度青春歲月，但其實他們的內心煩惱與父母一樣。統計局以十三歲以上的國民為對象調查「二〇一八年社會調查報告」，結果顯示十三至十八歲的青少年最大的煩惱是「讀書」。讀書（包含

圖表

	總計	外貌	健康	家庭環境	家庭經濟困難	零用錢少	讀書（成績、學業生涯方向	職業	朋友（友情）	異性問題（包含性問題）	其他	沒煩惱
2016 年	100.0	10.7	4.8	2.0	5.8	4.2	32.9	28.9	2.2	1.6	1.7	5.2
2018 年	100.0	10.9	5.4	1.7	4.8	4.9	29.6	30.2	2.5	1.8	1.8	6.4
2018 年（13-18 歲）	100.0	13.1	4.0	1.6	2.4	5.8	47.3	12.3	4.5	1.4	2.4	5.3
2018 年（19-24 歲）	100.0	9.0	6.6	1.9	6.8	4.2	14.9	45.1	0.8	2.2	1.3	7.3

其他包括：吸菸、飲酒、校園霸凌、沉迷網路（單位 %）

成績和學業生涯方向）佔總47.3%；其次為外貌（13.1%）和職業（12.3%）；剩下的次序為零用錢少（5.8%）、朋友（4.5%）、身心健康（4.0%）。度過令人折磨痛苦的國高中時期後，當孩子進入十九至二十四歲的青年，他們最大的煩惱從讀書變成職業問題（45.1%）。

此外，成績與升學問題同為青少年自殺的主要原因。十三至十九歲的青少年應答者中，過去一年「曾產生過自殺念頭」佔4.4%，其中第一個理由是成績與升學問題（35.7%），其次為經濟困難（14.5%）、家庭不和（14.0%）、孤單與孤獨（13.1%）和同儕問題（11.1%）。

以上統計資料顯示的事實：造就孩子怠

惰和痛苦的因素不僅於沉迷手機與遊戲、同儕問題、異性問題或校園霸凌，不只父母擔憂孩子的課業，孩子同樣認為自己讀好書很重要，想要讀好書的心不亞於父母。無論父母期盼大或小，都比不過孩子自己想要取得成就，渴望擁有一份好職業的心情。

這也是父母誤會孩子的地方。每個父母都希望自己的子女擁有好生活，以為自己的懇切大於孩子，因此，父母總站在子女前方，努力地拉著他們走，卻把思緒混亂的青少年內心從挫折引至絕望。

早自習時間趴著睡覺，醒來後發現第三堂課結束了。如果六堂課都結束的話，該有多好？（高一男學生）

去了學校卻都在課堂上睡覺，荒廢時間。假設因為這樣而教訓他們，痛苦的孩子接著會發生什麼事？

想過一個人在生日那天去死。

也想過在生日之前去死好了。

馬上生日就要到了，但我還……下場考試之前，我一定會去死。（國三女學生）

說出上面這番話的國三生很認真上學，身邊也有兩位摯友，成績算中上。但她臉上的笑容已消失許久，偶爾手腕會出現傷痕，問了她，卻說是抓傷的。媽媽說看見孩子毫無生氣的樣子，只是拖著身體空殼去上學和補習，腦子動也不動，於是傷心地對孩子說：「努力讀書，專心一點。」

媽媽以為孩子憂鬱無力的模樣是同儕之間出了問題，基於擔心，翻了她的日記本，看見剛剛那段文字，震驚到無法以言語表達。不知道孩子在想什麼，只會嘮叨的媽媽非常痛苦，原來手腕的傷痕是自殺的痕跡。既沒有人欺負她，也沒被同儕排擠，但對於自己無法達成目標感到非常不安，這些自殺的痕跡，表達出孩子不想再繼續過著這般辛苦生活的絕望。

我們寶貝的孩子正陷於成績與升學的苦海之中，他們埋怨只會斥責他們的父母，對什麼事都做不好的自己感到絕望，以及掙扎於誰也沒能懂的孤單與孤獨之間，遊走生與死之間。父母若不正視這些事實，只是一味地埋怨和指責孩子，很難為孩子開闢新的一條路。孩子整天滑手機，不專心念書的叛逆態度，也許是他們唯一可以表達的求救信號？孩子都那麼辛苦了，只會責罵的父母是否該反省自己了？

青春期是一個魔法時期

我從事青少年心理諮商輔導多年，這段期間主動要求心理諮商的孩子是極少數，而且，**他們大部分會以叛逆、無力、發脾氣與迴避的模樣表示需要幫助**。父母該做的事情是觀察孩子的內心，協助孩子成長為他們自我希望的模樣。

可是，窺探青少年內心與窺探未滿十歲兒童的內心完全不一樣，需要不同的接觸方法和語言。青少年介於大人與孩子；成熟與不懂事之間。明明還小，卻自認為自己長大了；明明還未成熟，卻自以為很完美，錯認自己所身處的世界就是全世界。

青春期症狀出現時間，大約從十一歲至二十歲剛成為大學生或社會新鮮人。青少年該如何度過這段時間？這十年是決定未來方向，該一一做準備的重要時期，也是孩子找尋自我與生活樂趣的旅程時光。若把人生想成一天二十四小時，十幾歲約落於凌晨三至六點。在這大半夜裡，父母唯一能做的是什麼？而孩子為何會在天還未亮的凌晨裡，一直說很煩，很挫折，前途黑暗？不光是父母，就連這個社會都在恐嚇孩子要提早做準備，如果不這麼做，那他將被這社會所淘汰。

大人們斥責孩子，彷彿人的一生都在這個青少年時期。但這時期應該是好好睡一場，儲備體力，擁有幸福美夢的時候。他們應該要很愉悅地從夢中醒來，準備快樂享受美好一天。父母不斷對孩子說這個世界很可怕，一定要好好認真讀書，他們當然會被嚇得驚慌失措。如果威脅說：你要做的事很多，再累也要克服，而且不得於競爭中落後他人，如果做不好會有嚴厲懲罰。聽到這些話孩子會不想逃嗎？

青春期是一個魔法時期。原本小巧可愛、一哭就會牽著爸媽手以及懵懵懂懂什麼都不會的孩子，彷彿施展魔法般，開始有了變化：身高咻咻竄升比爸媽高、自己能提起沉重的行李，以及在街道上會讓媽媽走內側，保護媽媽。偶爾孩子還會提出父母沒想到的創意，在IT世界絕對能力超越父母。還有什麼魔法比它更神奇？

但願這個魔法時期不要成為孩子的惡夢。用愛包裝，強迫他們說「這都是為了你好，所以你要聽話，咬緊牙關撐著」，這是行不通的。

青少年的這十年，比兒童時期的那十年更需要父母細心與專業的幫助。但如果作為父母的我，因心理疲憊不知如何是好的話，就會想埋怨孩子，當然也就不能好好協助孩子度過這段時光。父母需要保持內心鎮定平靜，才能有智慧地協助孩子成長。因此，父母最先要做的是檢視自己的內心，如果累了就要休息；如果痛了就要治療，燃燒殆盡了就要恢復能量。到底是什麼讓我們心累，現在一個一個檢視吧！無論是爸爸、媽媽或是孩子，只要覺得哪裡出了問題，就該停下手邊的事情，互相檢視彼此。

孩子變心，父母生氣

沒想到孩子會變成這樣

案例一：我是一位媽媽，有一個讀國小六年級的女兒。沒想到孩子的青春期來得這麼快，從去年開始，她開始變了，最近只要一不如意，就對小兩歲的弟弟大吼大叫，還會打弟弟。昨天她跟我多要了零用錢，我跟她說等下一次，結果卻賴在客廳大聲痛哭，超固執。

我真不知道該如何改正孩子頑固的行為，要是以前，罵一罵就好了。或是偶爾拿藤條修理一下，孩子很快地束手投降。大約是從去年底開始，孩子懂得抓住藤條反抗了。雖然知道鞭打已經行不通，但我不知道還有什麼辦法可以訓她了。我該怎麼做才能讓孩子順利度過這段青春期？馬上就要升國中，真擔心她青春期的叛逆會變得更嚴重。

案例二：我兒子現在是國中二年級。補習班作業不好好寫，成績退步，我不過是念了他一句，結果他在我話還沒說完之前就起身進房鎖門了。無論我怎麼喊他都不理，雖然我知道這是大家都得過的中二病，但我曾以為自己的孩子不會得中二病。房間裡傳出咚咚敲打書桌的聲音，敲他的房門問說在幹嘛？孩子大聲回應叫我不要管他，讓他一個人靜一靜。

成績考得這麼差的傢伙還敢擺出這種態度？但我沒有很常因為成績罵孩子，也很努力忍住不要對他嘮叨。可是仍擔心孩子是不是發生了什麼事？在學校被排擠了？還是遭受霸凌了？不然乖巧的兒子不可能會出現這種行為。我該怎麼幫助他？過了一陣子，我連進臥房都會聽到孩子在房間裡發出的聲音，一開始我會過去問孩子到底怎麼了，也會責罵他，但絲毫無任何作用，反倒頂嘴：「拜託！不關你的事！」就算是青春期，這也太過火了吧？

父母看見孩子青春期的模樣，很衝擊也覺得荒唐。擔心孩子，心情不安得不知該如何是好？看著孩子做出令人不解的行為，滿滿的各種藉口，離讀書越來越遠，實在難叫父母不擔心。孩子外表長得高高壯壯，但內心還未能成長；

或因父母過度的保護與控管，導致自我心理的調節能力發育未全；又或面對極大變化的身心而不知該怎麼辦，促使孩子感到挫折。

孩子有變化的時候，父母要先改變。好不容易辛苦地把孩子拉拔大，現在還要父母改變，哪有那個心力。但是該改變了，如果依舊以過去十年的教育方式對待這些青少年，狀況會變得更糟。孩子年幼時，只需懂他們的想法，抱抱他們，給予一些稱讚和鼓勵，便能改變孩子。可是以上這些方法對青少年完全沒有作用。所以，想要知道為什麼青少年孩子會變成這樣，要怎麼做才能改正他們，父母須先檢視孩子的內心想法。以下是國三生施鎮的案例，藉以說明青少年出現這些行為的原因，以及根據父母的對應方式不同，孩子會有什麼樣的變化？

患嚴重中二病的施鎮

不久前剛升上國中三年級的兒子都不讀書。在他上國中之前不是這個樣子，不僅很會念書，獎項也拿不完，常常讓我覺得驕傲，而且是個很聽話的乖兒子。直到他上了國中，第一次段考的成績徘徊在中段位後，從此每況愈下。不知從何時起，他再也不讀書，我快擔心死了。而且去年起，他開始出現中二病的症狀，我很害怕跟他講話，深怕一不小心對他發脾氣，他會闖出什麼禍來，讓我的心懸在半空中，焦慮不已。

拜託，請幫幫我！昨天我只不過叫他寫補習班作業，孩子就對我大叫，甚至離家出走。在他穿鞋的時候，我抓著他不放，他竟然大力地甩開，我跌坐在地上。離家出走到半夜十二點才回來，我非常生氣，很想打他，但又怕他再度離家出走，只好叫他趕快洗澡睡覺。我兒子為什麼會變成這樣？我該怎麼辦才好？

我在諮商室見到施鎮。其實發生過這樣的事，還願意接受心理諮商的青少年，這是很難得的。施鎮現在的年紀已經不是媽媽可以強硬拖過來的，更不可能因為一點威脅就被說服，必然是孩子真心願意想接受諮商。雖然嘴硬說是媽媽叫他來的，但其實是他想要這麼做，這是很值得感恩的事啊！因為它將會是未來解決問題的關鍵。首先，除了跟媽媽之間的關係惡化之外，我問施鎮為什麼會來接受諮商，他說：

「因為不能再這樣過下去了。」

由這句話可以發現，施鎮對自身目前現況也感到非常痛苦。

「『再這樣』的意思是？」

「沒有一件事做得好。成績很糟，不想去上學，誰都不喜歡我。」

從他的回答得出四大問題：擔心成績、拒絕上學、自尊心低落，以及人際關係的挫折感。孩子在各方面出現困境的時候，第一個想到的絕對不會是讀書，但在父母眼裡，只要成績好了，一切都會好，所以經常指使孩子要更奮發向上。不管中二病的真正原因是什麼，都要先從他們覺得最痛苦的問題下手，慢慢解開問題。所以，我們先來了解什麼是讓孩子最痛苦的？這個問題會讓他對自己產生什麼看法？以及他為什麼會覺得每件事都毫無意義，不想讀書。

「你媽媽只不過像往常一樣對你嘮叨，但那天你這麼生氣一定有原因，發生什麼事了？可以跟我說說嗎？別悶在心裡，說出來讓心情緩緩吧！只要說一說，心情就會變好的，我保證會幫你跟媽媽保守祕密。」

我問施鎮為什麼生氣到奪門而出？幸好在諮商初期已取得他對我的信賴，能對我實話實說。其實讓他心情抑鬱，變得敏感的理由不是讀書，而是他和朋友說自己喜歡哪個女孩子，可是朋友卻將這件事告訴那個女孩子。他雖然有點嚇到，但畢竟是好朋友，就這樣算了。沒想到過了幾天，他朋友竟然對那個女孩子告白，兩人交往了。

在他的認知裡，若有心儀的女孩，想要跟她交往應獲取媽媽的允許，但想當然媽媽一定會反對他談戀愛，所以不敢說出口。他把猶豫的心情告訴了朋友，結果那個朋友竟然先下手為強，這感覺彷彿自己的女朋友被人搶走。即使朋友背叛了他，他還是不敢對他說出真實的想法，施鎮對自己感到很失望，覺得像個傻瓜，對自己生氣。看著朋友和那女孩相親相愛的模樣，他心很痛，讀不下書，也不想寫作業。這時媽媽的嘮叨讓他不自覺地情緒爆發，宣洩在媽媽身上。

生氣離家出走後，施鎮到處遊走，直到夜深，原本拜託其他朋友收留一晚，但被拒絕了，不得已帶著受傷的自尊心回家。早已做好覺悟要被媽媽罵，沒想到媽媽只問：「吃飯了嗎？餐桌上有零食，吃完洗完，趕緊去睡覺吧！」

施鎮默默走進浴室洗澡，那晚大家都非常安靜地進入夢鄉。

隔天早上，施鎮向媽媽道歉，準時上學去。那天之後，好幾天施鎮都很認真寫作業，老實的模樣讓媽媽很不安，擔心孩子又像上次那樣突然情緒爆發，離家出走。施鎮要我幫他保守祕密，不要跟媽媽說。除此之外，施鎮更說道：因為這件事他覺得自己不被任何人喜歡，自己很沒用。如果媽媽知道了，他會很尷尬丟臉。

施鎮改變的原因

這裡有一個重點：施鎮如何平撫自己的心情，維持好幾天的自律生活？當他仔細思考，就能明白知道自己是一個什麼樣的人，擁有什麼樣的力量，並且找到現在煩惱的解答。

於是我問他：「在現況裡，你生氣的事沒有任何變化，仍覺得朋友背叛你，而你喜歡的那個女孩也一樣不知道你的心意，看到他們相親相愛的樣子，應該還是會嫉妒生氣，你是怎麼讓自己冷靜下來的？那幾天你可以維持自律生活的原因是什麼？」

施鎮淡淡地回答：「有好幾個原因：第一、離家出走回到家的時候，媽媽沒對我發脾氣，這點我很感謝媽媽。第二、媽媽有安慰我。」

「可是，媽媽不知道你離家出走的真正原因啊？」

「媽媽雖然不知道我真正情緒爆發的原因，但她隔天只對我說：『媽媽的嘮叨很討人厭，對吧？媽媽也覺得自己太過分了，抱歉。』聽到這句，我被安慰了。而且，媽媽還是願意跟我溝通說話，即使我最近不好好寫補習班作業，分數很差，以前媽媽都會生氣，這次她卻靜靜等待我，並主動對我說：『作業太多了嗎？要不要我去拜託老師減少一點作業？』不但沒有生氣，還幫我出主意，所以心情漸漸變好了。」

施鎮非常清楚媽媽的哪些動作幫助他安定心情：不對他生氣、安慰他，以及幫他想解決方法，這些帶給他力量。所以儘管他朋友跟自己喜歡的女孩交往的事實沒有改變，可是媽媽面對孩子的態度改變了，孩子就能有承受問題壓力的力量。

施鎮的自我情感調節與思考替代方案的能力仍不足，不過這些能力在未來還可以學習。待他再成熟一點，便能自覺到自我情感調節能力的不足，懂得向媽媽道歉，誠實說出自己不對之處與生氣的真正原因。他暫時還做不到，不過也無須擔心。媽媽改變對待方式即可變化他的心境，所以只需再多累積幾次經驗，他就能自我培養正向的內心思考模式，更加主動積極。到了那樣的程度以後，孩子生氣時能控制好自我情感，使用較平緩的表達方式增加爸媽的信任，並學會自己解決現實問題。

接下來，我們要來探討他的內在力量為何？施鎮對媽媽發完脾氣離家出走，由於找不到寄宿地，無奈決定回家。我要非常讚賞他這個舉動，因為他不會讓自己陷入危險。當他被朋友拒絕收留，求不到落腳處，還能明智地選擇回家。如果施鎮因無緣無故的自尊心，不想輸給媽媽而決定不回家，坐在公園長椅或在深夜危險的街道上徘徊，會發生什麼事？孩子奪門而出，本身是不對的行為，可是這樣的情形之下，我們不知道孩子在想什麼，會做出什麼選擇，很有可能出現極端的選擇。因此，施鎮能夠不讓自己繼續陷入危險，絕對值得稱讚。

促使孩子改變的最大功臣，是媽媽成功地控制住自我情緒。雖然在那一刻，媽媽僅僅是因為害怕再對孩子生氣，他可能又會離家出走，所以咬牙忍住。她不相信這個舉動竟發揮這麼大的作用，甚至懷疑：「這對孩子這麼重要嗎？」

是的，非常重要。十幾年來作為父母的子女，做錯事被責罵嘮叨早已習慣，但人的心不這麼想的，持續被人罵，也會開始懷疑自己的無能，討厭這樣的自己，漸漸失去力量，最後什麼事都不想做。嚴重的話，孩子會怨恨父母，甚至產生報復心態，每天都不好好寫作業、念書。

可是，媽媽看到半夜回家的孩子卻沒生氣，這是出乎孩子意料之外的反應。一開始雖然很訝異，但因為感覺很好並對媽媽心懷感謝，而這份感謝影響孩子產生好的變化，這都歸功於媽媽的「一些些努力」與施鎮的「自我守護的力量」。孩子擁有一個很好的經驗，並透過這次經驗分享自己的想法，闡述自我領悟的心得，衍生出自己的信念與價值觀。

現在，我們要再深入探討其中隱藏的根本問題。國小時，施鎮曾是很會讀書，令媽媽感到驕傲的兒子，為什麼升上國中後，會失去讀書的樂趣，全身提不起勁？

「聽說你國小的時候很會讀書，是嗎？」

「對，那時候還不錯。」

「你怎麼做到的？」

「就照媽媽說的做而已。」

「媽媽說的，你都會照做嗎？」

「不這樣會被處罰啊！」

「如果不這樣做，媽媽會怎麼處罰你？」

「不能看電視、禁止玩遊戲、不准跟朋友玩，甚至會被打……」

孩子放棄讀書的原因浮現了，絕非因為他討厭讀書而不讀書。父母這種不做就罵的強硬態度與處罰適用於幼兒期的孩子，但對青春期的國中生不再管用。換句話說，柔弱無力的孩子以前只能接受父母的教訓，現在已經長到跟媽媽一樣大的塊頭，不會再忍耐了。

孩子需要的除了努力讀書之外，還需要安撫他與媽媽之間的關係裂痕、挫折與放棄的心情。他的經歷是大部分青少年都會遭遇到的情形，除了體罰之外，父母的嘮叨、強迫和責罵幾乎相同。或許你會認為「我沒有這麼嚴重」，但無論是輕微或重度，就孩子的立場來看，責罵都是一樣的。關於如何恢復孩子與媽媽的關係，幫助孩子理解自我能力及產生變化的內容，第三部會有更詳細的解說。

事情爆發，父母後悔

走得太遠的孩子們

案例一：我兒子今年國二，不知曾幾何時我開始害怕他瞪我的眼神。國一第一學期，他常對同學發脾氣、罵髒話，同學也因此常跟老師告他的狀。還好因為他讀的是自由學期制[1]，第二學期改善許多。但升到二年級的時候，他不僅會在課堂上大吼大叫，還反抗老師或頂嘴。他小時候書讀得還不錯，上國中之前的寒假我送他去一間有名的補習班上課，似乎造成他的壓力，有一次他哭著對我說我都不懂他的辛苦。

還在就讀國小的時候，他如果不照我說的話去做就會被我處罰。我知道是我對他期望太高，可是基本上那時他還是會乖乖照我的話去做。最近，我沒有因為讀書問題而打他，不過我卻因同儕問題接到其他學生家長的抗議電話，於是訓了他。我知道教訓對他是行不通的……其實，我似乎是將自己對婆家和丈夫的怨氣、壓力發洩到孩子身上。

生起氣來，我控制不了自己的情緒，因此孩子會出現脫軌的行為，大概是在報復我吧！跟媽媽說話不禮貌，自言自語地罵我。在家若和弟弟起了一點小衝突，便破口大罵，甚至出拳頭威脅。如今，他長這麼大，力勁強，只要輕輕一打，弟弟就會哭得哇哇叫，我每天過得像是地獄般的生活啊！萬幸的是，待他冷靜後，還懂得道歉。我真的很怕孩子的暴力傾向會變成習慣，而且如果耍性子不讀書，又該怎麼辦？媽媽怕自己的孩子，像話嗎？請幫幫我們家孩子，救救他。

案例二：我家女兒今年高一，她青春期到來已是第三年，我好累。偷偷在外化妝就算了，還蹺補習班的課跟朋友玩到很晚才回家，又偷我皮夾裡的錢……孩子的行為一天比一天誇張，身為她的媽媽，我該怎麼做女兒才可以清

---

1 學生自由選擇要在國一或二的某一學期上午在教室進行一般的課程學習，下午則進行職業探索、藝術、體育、參加學社等體驗活動，一個無考試和強化戶外職業體驗的制度。

醒，順利度過這段成長期？

我看了很多書，也在網路搜尋各種相關資料求前輩的經驗談，但不管我怎麼努力，她自始至終都沒有改變。最慘的是，她爸爸只會以強押的方式管制她，甚至對她喊：「再這樣，你給我離開這個家。」放棄不管她。孩子也會跟她爸頂嘴：「你又為我做過什麼了？」孩子的叛逆更加重了。我跟她爸說這樣做行不通，但她爸一生起氣，誰也攔不住。

孩子跟她爸冷戰不說話，互不相見已經兩個月了。女兒說無法原諒爸爸，爸爸也不願原諒做出這番行為的女兒。孩子的叛逆夠我累了，再加上父女之間的衝突，我快撐不下去了。每次孩子與爸爸大吵，我都怕孩子奪門而出後再也不回來。她曾經有過半夜十二點至一點才回來的紀錄。萬一在外面遇到壞孩子該怎麼辦？貌美如花的女兒如果發生什麼事，一定都是我的不對，我快被她折磨死了。

案例三：幾天前，一早起床看到餐桌上放了一張便條紙。看到它的那一刻，心臟差一點停了。我害怕到不敢打開紙條，也不敢開孩子的房門，深怕孩子他……我全身發抖哭著叫醒丈夫，丈夫跑去開孩子的房門，孩子不在房裡。

紙條上寫說：實在不想再跟媽媽一起生活，所以離家出走了。我會去上學，所以不要來學校找我，如果你找到學校來，我就自殺給你看。看完紙條後，我心裡出現兩種心情：

「好險，好險。媽媽對你太過分了，對不起。如今我不會再這樣對你了，快點回家吧！」

「真是可惡的傢伙，怎麼可以這樣玩弄媽媽？一定要媽媽教訓才會乖嗎？你能去哪？在外吃點苦頭吧！」

丈夫追問我到底孩子離家出走之前，都對他做了什麼？我在家到底有什麼事做得好的？盡說一些刺傷我心的話，難道他自己就有做好什麼父親該做的事嗎？孩子做出這樣的事全都是我的錯嗎？孩子跟他爸一個樣，都很可惡。丈夫說放學要去學校帶孩子回來，接著就出門了。我們家孩子還有救嗎？我身為媽媽，沒有什麼能為他做的，真心希望能夠出現一根救命稻草。

這類的故事我聽過太多太多了，父母把孩子推得太遠。前面分享的施鎮案例，是孩子剛出問題，父母因孩子態度轉變而生氣的初期階段；但是上述三個案例，則是孩子的問題早已存在並嚴重深化中。這時父母的心情只希望孩子安全活著，讀不讀書不重要，只希望他沒事，不要被帶壞、做出危險的事情就好。每次遇到事情爆發才在後悔的父母們，我真的很無奈。不僅父母感到挫折與痛苦，孩子同樣覺得很折磨與傷痛。當問題嚴重加劇的時候該怎麼做，應該著重什麼？以下透過國三生炫雅的故事來說明。

我不要諮商，我需要治療

炫雅是一個比其他同齡朋友稍微高胖一點的漂亮女孩。原本個性很活潑又積極，很受朋友的歡迎，大家聚在一起玩的時候，她都是當頭頭的那一個，爸爸媽媽對她很自豪。但過不久便開始出現一些問題：小學四年級的時候，她和同學吵架，大大出手打了對方，嚴重到校園暴力委員會開庭處理。在那之後，炫雅因周遭的竊竊私語變得很敏感，不得不辦理轉學。炫雅轉學後，仍難以適應新學校，常常發脾氣，有人問她話，不是沉默不回就是瞪個大白眼。升上五年級，跟班上幾個有點愛玩的孩子在一起，開始肆無忌憚地玩樂，在學校還針對特定的孩子進行「關係霸凌[2]」。但畢竟不是什麼特別大的問題，班級導師也只能說說她，不能做什麼。上了六年級，她在網咖遇見一群國中生，和他們玩在一起。直到升上國中，她仍無法適應學校，最後選擇退學。

父母希望至少可以送女兒去另類學校就讀，到處打聽消息並努力說服她，仍無起色。時光匆匆，炫雅一下子已經到國三的年紀，十六歲了。這段期間炫雅窩在家的時間越來越長，過著日夜顛倒的生活。偶爾會出門見朋友，晚上不回家，但媽媽怕教訓她會引爆更嚴重的問題，所以也不制止。因為炫雅的關係，家庭狀態陷入危機，除了哥哥不理妹妹之外，原本靜靜等待她有所好轉的爸爸也不再跟炫雅說話了。媽媽沒人可以一起商議，也沒人來安慰她，非常痛苦。

而隨心所欲過生活的炫雅覺得自己很幸福嗎？不是的，有時候她在房間裡發出怪聲；有時候又聽到她在房間裡哭。有一次，媽媽聽到哭聲，進房間一看，炫雅抓著媽媽說很想死。過了這段痛苦時期，炫雅主動請求媽媽帶她去接

2 透過說服同儕排擠某人，使弱勢同儕被排拒在團體之外，或藉此切斷他們的社會連結，讓他們覺得被排擠。

受心理諮商。

諮商的第一天，我問炫雅想要尋求什麼幫助，希望改變什麼，期待自己有什麼變化？炫雅開口的第一句是：

「我不想接受諮商，但您問的這些問題我可以回答，包括我是怎麼過生活的？為什麼會變成這樣？發生了什麼事？我都能跟您說，但說這些有什麼改變嗎？我不想要『諮商』，我想要『治療』！」

聽了孩子說的話，我停頓了一下。小小年紀的她到底有多少煩惱，才會說出這樣的話？能夠分辨「諮商」與「治療」的差異，顯而易見，她非常渴望自我改變，這點令我感到心痛，但也看見希望，相信接下來的諮商會進行得很順利。

「所以你的意思是你已經想過了，要接受的不是諮商，而是治療，是嗎？能有這樣的想法，代表你真的充分想了很久。既然你的心態是如此迫切，我相信治療會非常順利。但重要的是，心理治療僅靠醫生的力量無法順利完成，我們必須互相信任，結盟一起突破難關。你如果可以答應我，我就幫你治療。」

「醫生，我真的有得治嗎？」

「這個問題不在於我的治療能力，主要看你是以什麼心態接受治療。我會協助你找尋真正想要的事物，發揮自己的力量，如果你能準時回診並誠實以告，我都能幫你取得你想要的。」

「醫生可以跟我保證嗎？」炫雅有點急切地問。

面對一個問自己能否治癒她的諮商者，我不能有半點謊言或誇飾，於是我停下來想了一下，再回答她：

「醫生看了你的眼神，覺得應該要誠實認真地回答你，所以我想了一會兒。我不能跟你保證可以百分之百痊癒，沒有一個診療是完美的，但我可以保證直到你覺得自己很滿意自己，不需要諮商或治療，也能過好生活之前，我絕對不會放棄你。假如我在諮商的過程中遇到窘境或困難，身為醫生，我會去多加學習來幫助你。」

「好，那就開始吧！」

於是我和炫雅的諮商進行了大約一年。一年後的某天，炫雅對我說：

「我現在不用諮商了。」看著炫雅變得活力十足的樣子，我相信她現在不用諮商也能過得很好。炫雅真的跟以前變得很不一樣。心理諮商期間，炫雅通過國中畢業考試，當然這並不容易。每次讀書的時候，她都擔心考差了怎麼辦，再度陷入憂鬱或做出攻擊性行為，一個月不按時回診。於是我都會請父母細心幫助，父母也很認真地照我說的去做。諮商結束後，我最後從炫雅父母聽到的消息是，她找到自己喜歡製作影片的樂趣，成功考上技術型高中。進入學校生活的炫雅燦笑地說：「我正在經歷人生最棒的日子！」

彷彿穿過漫長黑暗恐懼的隧道，終於看見光芒。不管走多遠，父母與孩子都要相信可以改變的，即刻開始！

不過，我諮商這麼多年，仍有許多父母不相信孩子已在改變，不斷與別人的孩子做比較，一次又一次確認，認為自己的孩子仍然有很多問題。我知道這是他們想要孩子改變的懇切表現，但父母不斷糾結在孩子問題多的一面，表現出不安的情緒，孩子只會更挫折。我告訴父母一些正面案例，讓他們知道孩子一定可以改變的，但仍有父母會強調自己的孩子比那些案例更嚴重。這時我常會講炫雅的情形：她曾經痛苦到瀕臨絕望，試圖自殘自殺，放棄人生，而且還以欺負他人的方式來忘卻自己的痛苦。

炫雅能改變的最大因素是她看見父母改變的樣子。炫雅有一陣子幾乎不跟爸爸說話，小時候她最喜歡跟爸爸玩鬧，但六年級的時候，爸爸因炫雅的行為大發脾氣，拿書砸向炫雅之後，兩人斷絕了交談。在那之後，無論爸爸多親切地靠近她，炫雅總是一副冷淡的態度。好在她還會跟媽媽發牢騷，我想是媽媽細膩的心思幫助炫雅改變。

首先，我建議媽媽停止對炫雅訴說一些現實的問題。父母一開口，往往就是糾正孩子的生活態度，但這些話對目前的炫雅一點用處都沒有。我請媽媽別跟孩子說她的問題點，要求她改正，這樣反而會使關係越惡化，造成孩子內心痛苦。媽媽首要做的第一件事是停止說這些話，孩子的心境才會慢慢開始冷靜；接著，每天三十分鐘與炫雅製造大聲笑的快樂時光。**看似不安、憂鬱和憤怒的青少年最需要的是與父母共同度過笑開懷的時光，**藉由笑聲讓青少年回憶起小時候與父母在一起的愉快回憶，心情獲得平靜。

此外，他們心裡也能感受到某種事物正在改變，埋下小小的希望種子。拿出小時候的照片看看炫雅可愛的模樣，一起分享回憶；一起談論她喜歡的偶像明星，幫助孩子臉上恢復笑容，沒有什麼比大聲歡笑更棒的了。於是，炫雅與媽媽歡笑的時間漸長，開始願意跟爸爸說話了。某天，炫雅對爸爸說：「爸爸也辛苦了！」對待爸爸的態度，不再那麼冷淡了。

炫雅心理狀態極度不穩定，更需要父母細心以待，所以爸爸媽媽也很努力。當親子關係變好後，孩子開始懂得聽取父母的建言。父母告訴她：不上學也能升學，你的興趣和擅長那麼多，慢慢來也能過得很開心。同時也提供各式各樣的資訊幫助孩子了解自己該做哪些準備。孩子開始產生變化的時候，爸爸媽媽是這麼地說：「原來這那麼重要，都忘記孩子的笑容是最珍貴美好的，我太不懂孩子了。」

父母非常努力，不僅停下之前他們教養孩子的方式，陪孩子一起歡笑，更以不同的觀點提供孩子最需要的資訊。他們相信孩子，也非常感謝孩子任何一點的變化，改善與孩子的溝通。因此，炫雅改變的助力來自於父母的努力。關於父母與青少年的五個階段溝通方法，將會於第三部詳細探討。

被爸爸媽媽傷到的孩子們

施鎮也好，炫雅也好，父母一句溫暖的話或一個安慰的笑容，都是他們改變的力量與勇氣。由此可知，孩子的變化，父母扮演非常重要的角色，但最容易傷到孩子、讓孩子失望的對象也是父母。因為想要栽培他們，父母會訓斥孩、發脾氣，但是這些行為若傷了孩子，也可能帶來令人懊悔的後果，至於哪些是會傷到孩子的行為，不妨參考以下青少年們的自述。

案例一：國小五年級的時候，我曾跟媽媽大吵一架。那一天，我帶著課堂上做的小蛋糕回家，希望能媽媽稱讚我。沒想到我用心製作的小蛋糕，媽媽卻非常輕視，她雖然在我面前稱讚做得很好，但晚上就把蛋糕丟進廚餘桶。我知道媽媽只吃有機食品，但那個蛋糕是我的心血，自己忍著沒吃送給媽媽的啊！

隔天我問媽媽吃蛋糕了嗎？她只是冷淡回我：「快去寫作業。」當時我打擊大到拿起美工刀刺自己，我割了一刀後因流血大哭。跟媽媽的回憶差不多都是這樣，雖然時間過了，一切都會解決，但等待事情過去的那段期間好累，也

很惱怒。（國二女學生）

案例二：不是都會有這種大人嗎？自認為「我是好父母，把孩子養得很好」，但孩子卻不這麼想。我就是那個孩子，我的父母對我實在太過分了，不管說到什麼都只說自己想說的父母，真的好想痛打他們一頓，但只有人渣會打父母，我不能這麼做，好煩。（國三男學生）

案例三：我誠懇拜託父母這學期不要送我去補習。我在家有點無聊，想要做點什麼，打掃了我的房間，還洗碗了。正要結束清掃的時候，媽媽走了過來。我對著媽媽說：「我很棒吧？」媽媽笑也不笑，問我：「你是不是做了什麼壞事？」我真的很不能理解，我只是想聽媽媽稱讚我，不行嗎？（高一女學生）

案例四：偶爾整頓心情後，真的覺得自己該要去上學，下定決心要讀書的時候，我對爸媽說：「我想要讀書。」他們的反應是：「你又來了，每次說完之後就半途而廢，前陣子不也說要去補習班念書，結果去了兩天就不去了。」聽完他們說的話，我非常生氣：「知道了，那我就放棄好了。」他們的反應仍是：「你看吧！你就是這樣。」我真的受夠了。（十八歲不上學的青少年）

心痛的孩子們與爸媽之間的關係，全以孩子的傷痛劃下句點。父母不能理解孩子說的這些話，也不知該如何產生共鳴。難得想要表現的孩子，父母似乎未能接收到孩子發出的信號，這時父母的一字一句刺傷孩子的心，一旦有了裂痕，再平常不過的話也會產生誤解，讓關係更惡化，而且不斷累積傷害，促使孩子被這些傷痕捆住，動彈不得。

有位國三的孩子曾拿給我看爸媽寫給他的信，非常生氣。

親愛的〇〇！你是爸爸媽媽從小就非常疼愛的孩子，愛玩又愛笑。但媽媽不得不告訴你這世界的苦楚，看到你有一絲絲不順心就放棄的模樣，身為父母的我們必須指正你的錯誤，若不這樣子做，我們會後悔一輩子，這世界沒有永遠的和平與快樂，你要自己努力有勇氣克服這些困難，這是你現在需要做的。還有，諮商期間也不會每件事都如你意，但希望你仍像現在這樣不要放棄。這是你最後一條路了，希望你這次能好好下定決心，好好做診療。

不仔細思考，這封信看似父母在鼓舞孩子拿出勇氣、不要放棄接受診療。但孩子看到這封信，再度爆發：

「寫這種信給我，他們腦袋是有什麼問題？說什麼要讓我知道這世界的無趣，讓我如此辛苦，太扯了吧？父母不是應該要告訴孩子世上的樂趣嗎？就算我沒有一件事做得好，也該跟我說現在做得很好，稱讚我吧？什麼鼓勵稱讚都沒有，只會教訓我，現在還寫這種信，太過分了。」

孩子生氣是當然的。媽媽寫信的用意是希望孩子能夠產生勇氣和自信心，但表達方式錯誤。媽媽對一個過得很辛苦的孩子說「這世上沒有所謂的和平、有趣」，這對一個本來就對世界抱持悲觀、無力的孩子來說，彷彿連一點希望都被剝奪了，非常殘忍。雖然生活不易，但父母還是該告訴孩子這個世界的樂趣和幸福，當辛苦的時候能夠回想這些幸福的回憶，重新擁有生活的力量。人結束疲憊的一天回到家，應與家人一起共度溫馨的晚餐時光，放鬆白天累積的疲倦，恢復元氣。可是，孩子現在無法體會這樣的時光，不能恢復元氣，父母還一直告誡他世界的殘酷，要他打起精神起來，只能說是雪上加霜。

父母的想法與態度變化非常重要，每天灌輸孩子負面意識，告訴他們這世界殘酷現實的一面，有哪個孩子可以出現改變的企圖心呢。因此，治癒孩子的關鍵在於父母。接下來要介紹幫助心累的孩子產生改變的方法，只要父母稍微拋開固有觀念，就能輕易開啟孩子變化的開關。

我家孩子，能改變嗎？

是什麼改變了青春期的孩子？

大家都好奇進入青春期茫然的孩子如何改變，哪個是他們變化的核心關鍵。大部分的諮商師與精神科醫生是同樣的心境，例如感冒的時候就要吃藥，孩子出現問題的時候，大家都希望有一個解套公式。雖然孩子的心理問題並沒有一個正確的解答公式，不過現在的研究已出現不少效果好的方法，只差實踐上有困難。

面對正在生氣的孩子，明知道不該再大聲對他說話，但父母難以忍受與理解。有些父母的忍耐力很好，除了天生個性樂觀之外，更因為他們知道責罵孩子是沒有用的。如果能明白對孩子嘮叨和生氣是反其道而行，家長的想法與態度也會跟著改變。一旦知道如何有效引領孩子產生變化，就能更懂孩子，以更好的方式養育他們。

把我抓緊的那個人

燦英是一位難以接受父母離婚，導致暴力行為加劇的國三生。他常在學校搗亂，老師也制止不了，每次他爬牆蹺課除了聯絡媽媽，學校束手無策。燦英更拒絕班級導師或輔導老師的諮商輔導。媽媽和我進行心理諮商的時候，他也不常出現，我只能從旁協助媽媽改善養育孩子的方式。途中，媽媽再婚，燦英被迫要跟媽媽一起搬進繼父家生活。搬進去後，媽媽擔心孩子做出什麼事來，向我請求協助。

繼父一同到諮商室，他說想要幫助孩子，我提供一些具體方法：雖然孩子已長大，但當孩子出現攻擊行為時，請您在背後使力抱住他，直到孩子冷靜下來。並溫暖地呼喊孩子的名字，告訴他：「我懂你的心情，我也知道你只能這樣做，但我也會盡全力待你好。」這個方法真的會有效嗎？

媽媽再婚了，所以我們一起搬進繼父家。明明不是我的親生父親，卻裝作一個好父親的模樣，看了真令人噁心，我便打翻餐桌。結果繼父從背後緊緊抱住我：「燦英啊！燦英啊！燦英啊！」不管我如何掙扎，他都使力地抱緊不放。突然我心中莫名出現別鬆開我的念頭，不自覺流下眼淚。在繼父面前哭很傷自尊心，但那一瞬間覺得自己「該停了」，我放棄掙扎，繼父這才鬆開手，我安靜地走進新房間。

我教繼父在孩子亂丟亂打的時候緊緊抓住他，給予溫暖擁抱直到孩子鎮定，守護孩子。抓緊孩子的理由是因為孩子在暴怒的時候，早已自暴自棄，什麼事都敢做。心知肚明卻控制不了自己的怒氣，一發不可收拾。但過了一段時間，他恢復理性能夠分辨事情對錯之後，反倒更自責自己做出的這些行為。**所以，孩子其實很希望有一個人可以幫助他們在無法控制憤怒時，制止他們。**而在燦英成長過程中，沒有人這樣牢牢地抓住他。

不情願搬進繼父家的那天，燦英抑制不住怒火，但繼父和媽媽依照學習的方式抓緊孩子，穩住孩子的心情。燦英似乎很想找到一個真正愛他的人，一個能夠安撫他的不安的人。**一個攻擊性強的孩子，其內心不如他外在的行為，他的內心比誰都渴望有人能抓緊自己。**希望透過燦英的故事，大家可以理解猖狂青少年內心的柔弱。

讓我混亂的人

藉由前述炫雅的案例，詳細解說青少年內心與行為、說話與行為相反的原因，以及該如何對應的方法。炫雅是一個極度不安的孩子，需要一些非常細膩的諮商技巧。她最嚴重的問題是根深蒂固的負面思考，沒有想要做的事，面對任何事都提不起勁，也不知道自己擅長什麼，這讓她非常痛苦。假設父母不管怎麼努力，孩子仍無動於衷，勢必能由她的案例獲得幫助。

結束諮商療程大約一年半後，炫雅希望我能跟她見一下面。每次患者結束療程再度聯絡我的時候，我都擔心是否發生什麼事？會不會是比過去更嚴重的問題？她似乎懂我的心情，於是接著說：「我沒有要接受諮商，只是想跟醫生吃一頓飯，我請客。」

一句請客，我笑了。除了對原本迴避交際的炫雅主動約我吃飯感到欣慰外，沒有要重新接受諮商的話語也讓我稍微安心。那天她對我說的話中，留下心底最深刻的是這段：

「讓我混亂的人除了醫生您，沒別人了。」

「什麼意思？」

「因為您讓我一直思考，心情沒有不好，但總是悶悶的。總之，接受諮商的期間，我的心情彷彿是被人狠狠揍了一拳。」

「喔！我帶給你這種感覺嗎？聽起來很討人厭。」

「不，這不是心情糟的意思。大概是我現在過得很好，所以有這種感受。其實我是想跟醫生說謝謝，今天才請您吃這頓飯。」

「哪個點讓你覺得很感謝？」

「您不強迫我，而且當我覺得辛苦的時候，醫生您總是讓我以另一種思維看待事情。」

炫雅說我讓她以另一種思維看待事情，到底是什麼意思呢？以前她一開口就是抱怨父母和朋友，說他們的壞話。她在表達自己的時候，會說自己什麼事都不想做，什麼都不會，沒有一件事能做得好。但畢竟是一個充滿活力的孩子，講這些話的口氣仍然像個「強勢姊姊」。

有一次我拿出正六面體組合成的方塊，請她組裝。一看到它，炫雅說的第一句話是：「是誰做了這個東西，把人搞得這麼辛苦。我不要！為什麼我要做這個？有什麼用處嗎？」面對一個說不的孩子，我不能強迫她去做，於是我先開始動手拼，她看到之後，慢慢也開始動起手。拼方塊的同時，我問她今天為什麼變得那麼挑剔？我猜測這一定跟爸爸、媽媽或哥哥有關，於是她開始娓娓道出媽媽的壞話。此時，她一邊訴苦，一邊動手拼方塊。雖然嘴上說不要，但她心裡其實很想拼好，而且她很焦躁，擔心自己做不到。大概過了十分鐘，炫雅沒能成功拼好，但畢竟是初次接觸，已經算很不錯了，只差一塊拼片方向不對，就能完成。看著她差一點點的模樣，實在不忍心，我拿起拼片：「只要這樣轉的話……」話說到一半，她拍掉我的手：「我自己來！」

我非常樂見她的反應。不管你對於她拍掉手的行為是否滿意，**孩子言行不一的現象，你必須好好了解其中的含意。**雖然她有意識的大腦拒絕做這件事，但在潛意識中，炫雅希望能倚靠自己的力量完成我給她的課題。我向她道歉並靜靜地看著，她嘴上不斷念叨著：

「我不拼了，為什麼要做這種苦差事？這樣拼對嗎？這是幾年級的習題？下次我絕對不做。吼，好煩！真想全部拿去丟，為什麼我在做這種煩人的事！」

大概自言自語十分鐘後，她終於成功了。雖然嘴巴上說著「這玩意搞死人了」，但表情卻非常得意，嘴角微笑。這天的諮商時間差不多要結束了，我只問她一個問題：

「炫雅啊，我看你拼方塊的樣子，發現一個很有趣的點：你的意識和潛意識完全相反耶！嘴上說不要不要的，潛意識又希望靠自己的力量完成。但你好像一直不去正視自己的潛意識，只是一直抱怨。而且你還拍掉我的手，不讓我幫忙，這是什麼意思啊？」

炫雅不說話，表情像是正在思考。她接受諮商的這段期間，發生過好幾次類似的事情，每次炫雅都以思考中的表情結束診療。我終於懂她說的「混亂」了。嘴上說心情糟，其實並不糟；感覺悶悶的，又不是真的很悶，促使她不自覺地思考，經由思考，她更能理解自己，慢慢開始檢視自己的內心，這領悟便是炫雅產生變化的契機。

窺探內在的真心

青少年常以粗魯話語或行為偏差表達自己的不安與各種心聲，但大部分的父母僅看見孩子外在顯露的問題點，並指責他們。但指責他們粗魯的語氣和不恭敬的態度，反倒促使孩子更難以展露真心。一味地指責是父母不信任孩子，即使孩子不斷發脾氣，產生許多問題與狀況，若父母相信孩子內在的真心，還是有溝通的餘地。有了溝通，孩子將再次產生一個重要的轉換時機，何況孩子是那麼迫切地等待爸爸媽媽看見他的內心，主動開口對他說話。

孩子因什麼而改變？施鎮能夠重新回到冷靜的生活日常，是因為媽媽不僅不對他生氣，還安慰他，告訴他如何改善。雖然讓施鎮生氣的狀況本身沒有變化，媽媽對待孩子的態度稍作改變，同樣能幫助孩子減輕問題的壓力。繼父緊緊抱住怒氣沖沖的燦英，並告訴他絕不放開，這讓燦英感受到繼父的真心與溫暖，漸漸打開心房。傷得很深的炫雅，因為父母拋棄舊有的教養模式，製造許多與孩子歡笑溫馨時光，促使她打開自己的心房。在請求幫助之下，當明白自己真正想要的是什麼，孩子便開始走上變化之路。

總而言之，大人的怒氣、責罵或模稜兩可的稱讚改變不了青少年。**他們需要的是父母或教師的認同及協助，幫助他們理清自己未知的情緒。**父母想要恢復親子關係，必須感同身受，一起跟孩子歡笑，還有停下過去錯誤的方式。看起來要做的事情很多，但一個一個慢慢做，父母也能一點一點看見孩子的變化。

孩子們每天以更好的姿態成長，父母或教師最需要做的一件事是引領他們前往正確的方向，因此，父母或教師必須先理解孩子，倘若能知道青春期孩子的特徵與心理，看待孩子的眼神也會變得溫和，面對他們的心情也較為放鬆。這時孩子在父母的支持下，無論快慢，都能走出屬於自己的生活。為了孩子的成熟、成長及成功，接下來我會告訴父母，必須要知道的五個青少年心理狀態。

02

窺探孩子心房之前
該知道的大小事

父母該知道的青少年心理一

父母的回饋決定內心方向

你給孩子的回饋是什麼？

孩子必須在競爭中勝利，方能活下來。因此，父母天天問，不放過任何一分，要求孩子全心全意投入課業。父母對孩子說的每句話不是療藥，就是毒藥。雖然父母說的這些話都是為孩子好，但這些話或許對孩子的身心產生壞的影響。

「因為你不用功，成績這麼難看。」

「退步了，想玩遊戲？想都別想！」

「到底該拿你怎麼辦，唉！」

父母很清楚說這些話會對孩子造成什麼影響。但即使知道而忍氣吞聲，還是會無意間嘆氣，而嘆氣聲傳進孩子的耳裡，依舊宛如那些刺耳的話，反倒讓孩子關上房門。更別提一直對孩子嘮叨，直到父母滿意為止，其影響也一樣糟。若父母真心想幫助孩子擁有正面的變化，必須先知道什麼樣的回饋對孩子是好的。

回饋，係指告訴當事人的行為或反應是什麼樣的結果，簡單來說，「對」、「不對」、「做得好」和「做不好」等評語，以及嘮叨、忠告、說服，這些都包含在大人對孩子的回饋。至今，我的回饋都對孩子產生了什麼效果？如果你是不擅長回饋的父母，則要先了解回饋的目的及學習符合目的的回饋方式。生氣罵孩子不是一種回饋，只是父母把氣出在孩子身上。萬一父母目前的心理狀態不穩定，這時候只會對孩子發洩，請先離場安定自己的心情，並思考找回平靜後該用怎樣的表情與口氣和孩子溝通。

回饋對孩子的內心及大腦皆有影響，若父母能明白它會造成什麼影響，即能在孩子不可理喻的言行背後，看見隱藏的真心與原貌。如果父母看待孩子的角度改變，充滿愛意，即使不用刻意控制自己的脾氣，自然會少點怒氣，多給一些好的回饋。親子關係越親密，孩子越能往好的方向改變。接下來將探討叛逆期青少年的大腦發展，以及父母的言行回饋對孩子的大腦有什麼影響？

青少年的大腦如何發展？

人類大腦於出生的時候，重量約四百公克，快速發展到滿周歲的時候是約一千公克。這時候一個腦細胞因外部刺激，可以連結一千個腦細胞。滿周歲後，雖然發展速度明顯下降，但大腦皮質體積（含額葉）於十二至十六歲不斷增長到二十五歲左右發育完成。大腦的額葉負責統合各種資訊、調節情感欲求及衝動，以及自我認知。主掌功能有溝通、解決問題、語言構句等與記憶、思考相關能力之外，亦有控制行為的功能。若額葉不能正常運作，情感爆發或做出危險行為的機率就會提高。

如果大腦最重要的額葉器官正在發展中，即表示它尚未發育完全，換句話說，其掌控的功能尚未成熟是屬正常現象。青少年會衝動、隨心所欲的理由，不單純是孩子內心與意志問題，也是因為他們大腦的額葉尚未成熟。所以父母不該責怪孩子不能控制情緒，應先煩惱該如何幫助孩子發育，並需要先知道青少年孩子難以控制衝動的原因。

澳洲墨爾本大學艾倫教授（Nicholas Allen）的團隊於二〇〇八年以

一百三十七名十一至十四歲男學生為對象進行研究，根據研究結果顯示攻擊性強的青少年，其大腦邊緣系統某一部分的杏仁核較大，以致於他們無法控制強烈情感。杏仁核是大腦神經系統之一，有產生情緒的功能，尤其是憤怒這類的強烈情感。

研究團隊分析青少年在與父母爭論睡覺時間、功課和手機使用等問題時的表情與聲調，對比他們當下的大腦影像，其結果是叛逆及具有攻擊性的青少年相較於溫順的青少年，大腦的杏仁核更大。青少年的大腦額葉尚未發育完全，杏仁核卻發展得比額葉快，其發展不均是導致孩子產生衝動與攻擊性向的原因。艾倫教授強調：「青少年外觀上雖與成人無不同，但大腦的情感行為調節功能須到二十歲初才發育完全，因此父母須知曉一個事實，那就是青少年的這段期間裡，孩子其實不能完全控制自己的情感。」

此外，青少年時期正是激發大腦細胞興奮的神經傳導物質——多巴胺分泌的高峰期。多巴胺有快樂中樞之稱，是從大腦邊緣系統內的「依核」分泌產生。依核發展速度又比杏仁核更快，它能刺激報償、快樂及中毒等情感。成人之後，大腦邊緣系統會受額葉管控，但未成熟的青少年的言行容易受到邊緣系統的支配，這也就是為什麼青少年喜歡追求興奮快樂，並難以控制自我言行。

那麼，有什麼方法可以改善此種現象？學者們發現青少年受依核影響，對報償心理更加敏銳，所以根據父母給予的報償，可以改變孩子的情緒與動機。簡言之，青少年想要獲得報償。父母給孩子的回饋便是他們的心理報償，有效的回饋可以讓他們以成熟的態度面對自己的事情，發揮熱情。

哪些是有效的回饋？

回饋有好幾種分類方式，基本可以分成正面回饋與負面回饋兩種，再細分有：強化動機的回饋、認知上的資訊回饋、判斷對錯的回饋、告訴正確答案的回饋，以及不明示或暗示的無回饋，皆屬其範圍之內。

高麗大學教育學系金聖日教授於《大腦理解[3]》一書說明父母的回饋對青少年的影響如下：

「兒童或前青少年接受到負面回饋時，大腦不能活用前額葉的功能，此現象表示他們在接受處罰後，不能反省做錯的行為及自我探索對策。因此，想要利用處罰或負面回饋改變兒童或青少年的行為是行不通的。稱讚是比處罰更有效的回饋，獎賞青少年做對的行為，比處罰他們做錯的行為更有助於他們改變。」

各種與回饋相關的研究皆指出，正面回饋更有助於孩子內在動機的發展。相當多的研究結果表示認同與鼓勵對兒童與青少年的自我效能與控制力產生正面影響。如果孩子的成效好，給予能力上的認同；若不好，則鼓勵孩子努力改善，有助於促進孩子積極自我認知的發展。

不過，為了建立他們的自信心，刻意出低於他們能力的課題，反而會造成他們對自我評價過低，持續動機產生負面影響。另外，雖然是正面回饋，但若附加「必須要做好」的「過度負擔」，容易降低孩子的自律，消減他們挑戰的意志，例如：「我就知道你能做得好。」「下次成績一定會更好。繼續加油！」

3 原文書名《뇌로 통하다》。

當然也有一些青少年不受正負面回饋影響，本身自我效能高。自我效能意指自我相信能成功做到某件事的期待與信念，是自我克服問題的力量。高度的自我效能不受任何外部回饋的影響，雖然正面回饋會讓人心情好；負面回饋則令人心情差，但自我效能與控制能力不因而受到極大的影響。反之，自我效能低的青少年接受到負面回饋時，容易降低學習的內在動機與興趣。犯錯處罰對他們更行不通，反造成青少年的不安增加，自我能力感低落，大幅減少對課業的樂趣。

金聖日教授以國中生為對象，根據回饋類型，在不同的情境之下分析他們的大腦活化程度有何不同。教授在孩子寫完題目後，依他們的答案提出負面回饋，並分為兩種：資訊型與正解型。資訊型回饋是簡單告知孩子答案錯誤的原因；正解型則是告知他們的答案對錯與否。

最終的實驗結果非常有趣，青少年雖然都是接收到負面回饋，但接受資訊型回饋的時候，掌管報償心理的依核功能活化，而且可以調節負面回饋帶來的壞心情，額葉中的背外側前額葉皮層功能亦同時活化，前額葉皮質的功能是情報分析與理性判斷。所以，教授給青少年資訊型回饋時，他們內心產生不被他人比較的感受，會將焦點放在自我提升實力，追求學習目標。**不以成敗判斷，青少年的自我效能與學習樂趣將能提升至最高。**

許多青少年說他們連父母的聲音都不想聽到，其實是委婉表達他們不願聽到父母給予的負面回饋。我真的很不忍看見孩子困於父母情緒化的負面回饋裡，其實回饋時，若針對實行課題提供相關重要資訊，無論有多少負面回饋，都有助於青少年接受事實，做好自我情感調節。因此，資訊型回饋對青少年是有用的並也是他們希望獲得的回饋。

整體而言，若欲提高青少年孩子的自我效能，不應與他人做比較，改提供資訊促進他們進步吧！**「對」、「錯」、「做得好」和「做不好」這類的評價會使他們受挫**。父母若不具體告訴孩子他們正在進步的事實或教導他們怎樣可以做得更好，孩子便無法提升自我效能與學習樂趣。提供資訊型回饋告知青少年們自己的潛在變化或給予課題上實質幫助，對他們來說更為重要。舉例而言：「這次的課堂主題若仔細在○○裡尋找，似乎可以找到一些有趣的內容！」「你這次的聽力集中度比上次更好了！」「嘗試使用這個方法會更有效率！」以上皆屬有助孩子自我建立目標，提升他們專注力的回饋。

更成熟的自我內在回饋

回饋類型中，有意義的分類包括內在回饋與外在回饋。前述談及的回饋類型皆屬他人提供的外在回饋，至於內在回饋係指進行某項課題的期間，個人自我感受的成就標準。自我擁有成熟的內在回饋非常重要，因為自我的積極評價對成就影響極大，**孩子若能以積極的角度看待自己，擁有自負心並懂得自我反省是最好的。內在回饋能力的發展與額葉發展關係密切，兩者為互助關係。**

想要擁有更成熟的內在回饋，先了解美國精神科醫生兼現實治療法創立者威廉·葛拉瑟（William Glasser）提出針對失敗結果回饋的方法。他說：「沒有所謂的失敗，只不過是再次學習罷了。」若能統整失敗經驗，自我評價改善之處，失敗是成長的道路。無論孩子經歷了什麼事，請讓他們試著依照下列例句進行自我評價吧！

我決定做＿＿＿＿＿＿了。

我學了＿＿＿＿＿＿。

以後我想改變＿＿＿＿。

不管挑戰什麼都有可能失敗，這時候最好的內在回饋是即使結果失敗，也能評價自己從中學到的新事物，並思考下次應如何改變作法。威廉・葛拉瑟強調自我評價不該出現「雖然很可惜……」、「即使很惋惜……」或「由於我不懂，所以……」等字句。健康的自我評價必是健康的內在回饋，懂得這樣做的孩子能夠擁有一場真正的競爭。

所謂真正的競爭，嚴格來說，非指與他人的競爭，是指自己與自己的競爭。相較於昨天的我、一個月前的我或一年前的我，我又進步了多少。父母該做的是從旁協助孩子自我感受到「我現在正在成長中」，孩子接受正面的資訊型回饋，健康地成長之餘，必能懂得自我給予內在回饋。期許世上的每位孩子都能經歷這樣的過程，健康長大。

青少年父母的角色應認同青少年孩子的獨立性，協助他們自我領悟，並不侵犯他們的心理領域，保持安全距離。由於大腦發展不均衡造成他們橫衝直撞、左右搖擺不定、容易激憤與憂鬱，父母應協助他們穩定成長，幫助他們將負責衝動與快樂刺激的大腦額葉發展得更加圓融。因為孩子此時此刻，大腦受外部刺激的影響甚深。

韓國腦科研究院負責研究員國子旭曾說，**如果想要青少年的「大腦高塔」額葉發揮正常功能，透過閱讀或提出新資訊增長他們思考的時間是重要關鍵。**他特別強調：「建立健康的家人關係，促進孩子大腦均衡發展是最重要的。」

父母應如何幫助孩子的額葉功能發展？其實腦科專家提出的方法自始至終都是一樣的，開始讀心理學之後，我發現一件事：真理是最單純也是最難遵守的。**而這個真理便是尊重孩子、和孩子溝通，以及即使他們做出父母不滿意的選擇，也不要先批判孩子。**萬一孩子遇到失敗，和他重新評論結果、分享意見，並告訴他下次該如何改變思維。這都是我們基本上懂的道理，但若要實現，首先需要一個健康的家人關係，換句話說，彼此是能溝通的關係。

「你怎麼想的？」

「這時候該怎麼做比較好？」

「假設你選擇這個方法，你能預想到結果會是什麼嗎？」

「即使失敗，我們還是能獲得好的經驗，所以鼓起勇氣放手去做吧！」

如果父母與孩子彼此能有良好溝通，孩子絕對可以度過一個金光閃耀的青少年期。

父母該知道的青少年心理二
假想觀眾正在看我

看不見有人關心我

不管發什麼文，都沒人要安慰我。真覺得我是一個沒用的人，很不想去上學。彷彿全世界的人都在嘲笑我，那一刻真想消失在這世上，但又害怕沒人發現我的消失。

我問了一個學校適應不良的國中生，哪一點最令他感到痛苦？他是這麼回答的。假設你遇到這樣的回答，你會怎麼跟他說？以下哪一個是你所想的答案？

「唉呀！你不要理他們，不要在意就好了。」

「那都是沒用的小事，努力讀書，成功是最好的報復。」

「你又瞞著媽媽偷玩手機了嗎？手機拿出來。你違反我們的約定，所以沒收。」

以上答案都只會讓孩子更生氣，造成他們行為惡化。透過孩子的言語表達之中，可得知孩子違反玩手機的約定，但這個問題應擺在後續討論。父母當然看不慣孩子現在的模樣，但要知道孩子是因無處可發洩情緒，這才鼓起勇氣向父母哭訴，向父母求救。大部分的父母只看見孩子外在的生活態度，指責他們，卻沒能察覺孩子的勇氣與努力。因此，父母先要感謝孩子鼓起勇氣說出來：

「謝謝你跟媽媽說這些難以啟齒的話。」

父母若能主動對孩子表達感謝，往後再遇到困難，孩子才會再度向父母尋求幫助。接著，我們來討論孩子那段話的意思。就他所言，應該是在社群平台上碰到朋友都不回應他的情形，所以認為自己的存在沒有價值，彷彿全世界的人都在嘲笑自己。他曾想過從這個世上消失，但又害怕沒人發現他的消失。

青少年自殺的原因有很多種，包括因為討厭自己、為了穩定不安的心情，更常見的原因是想告訴天底下的所有人：「我在這，這世上有我這麼一個存在。」青少年自以為全世界的人都在看我，如果沒有人知道我、無視我或不認同我，衝擊與挫折非常大。社群網站的留言在父母眼裡一點都不重要，但對孩子來說，那是有人關心的表現、證明他的存在，以及友情確立的信號。

炫雅能恢復與朋友之間的關係，其契機跟她與某位朋友熬夜通訊聊天有關。某天晚上，炫雅從群組聊天訊息中發現有位朋友喜歡的藝人和自己一樣，於是便分享自己收集的藝人照片，兩人開始私下聊天。漸漸地，兩人針對一些讓人感到心累的朋友互吐苦水，彼此安慰及獲得共鳴，組成兩人專屬的小世界。隔天，炫雅到諮商室跟我說：「醫生，我昨天情緒大爆發了。感覺真好，好久沒有活著的感覺了。」

茫茫人海之中有一個懂我、接受我及心靈相通的人，宛如在沙漠中發現了綠洲。我問炫雅是什麼樣的談話內容讓她如此幸福快樂，她卻笑著回答：「讓醫生您知道的話，朋友會很受傷的。」即使是諮商老師，也不能未經朋友允許，透露他們之間的小祕密。其實我沒有必要知道具體是什麼，因為最重要的是他們這段新友情，笑容滿面的她再也不會活得很孤單了。

因朋友的一句話而改變的青少年

父母從經驗上可發現朋友對青少年來說很重要，叫他去換洗好的衣服，講都講不聽，但竟然會因朋友的一句話改變生活習慣；嘴上一直說「數學不好、搞不懂」，卻因為朋友一句「你數學很好！」產生自信心。但這並不代表孩子不聽父母說的話，不妨換個思考方向：青少年的同儕影響力大。

青少年很在意報償，其中同儕給予的社會性報償具有相當的影響力。二〇一〇年美國天普大學心理學系教授，測試同儕團體會造成青少年做出什麼危險行為，分別針對正值青春期的青少年、大學新鮮人與成人三組進行汽車遊戲，在模擬駕駛實驗中通過二十個交叉路口。過馬路的時候黃燈閃爍，若在這時候停下來會晚三秒，但不理會黃燈賺取三秒，與前方車子衝撞則會晚六秒。遊戲的報償是越快抵達終點的人，報償越高。遊戲實驗分別進行兩次：一次單人進行；另一次則在同儕面前進行，比較兩者差異。

實驗結果是同儕在場的時候，青少年更容易做出危險行為；單人進行的時候青少年忽視黃燈的次數反而低於大學新鮮人，並與成人相似，由此證明青少年並非無判斷能力。

反之，在朋友在場的情形之下，最終結果完全相反。成人不管是無人或有人在場，結果無太大差異。但青少年非常不同，朋友在場的時候，忽略黃燈的情況增加將近兩成，衝撞到前車的次數，從平均3．5次提高為平均5．5次。對情感及社會性報償非常敏感的青少年，他們大腦會選擇做出此般無謀行為。金聖日教授解釋：「青少年的額葉功能發育未全，不能自覺危險與調節衝動，但他們的社會情感報償功能已發育完全，因而產生兩者功能器官發育不平均的問題。這時他們不顧危險，更在意朋友給予的報償……最終為了博取同儕認同，逕而下了危險的決定。」

會因為朋友的一句話作出衝動危險行為的青少年，我們該如何保護他們？父母想要控管孩子所有行為，阻擋他們不碰到危險是不可能的。送孩子去補習班，找家教填補他們所有時間，或是即時追蹤他們的位置不僅無效，反而更激起青少年的叛逆。再者，嚴格來說，這算是情感暴力的一種。

假想觀眾

青少年特徵之一是青少年期自我中心主義（adolescent egocentrism），與幼兒期的自我中心不同。幼兒期的自我中心是指不考量他人觀點或立場，僅為自己的立場思考與行動，換句話說，這時的他們不能理解他人與自己不同的觀點，如：大家聚在一起各自玩自己的玩具或各說各話；借看圖畫的時候會將畫紙擺在靠近自己的位置，以及玩躲貓貓的時候以為把頭藏起來就不會有人發現等。此時的自我中心思維在進入小學交到許多同齡朋友後，漸漸會消失。不過仍須依據孩子接收到的心理環境與經驗，每位孩子的發展程度不一。

但青少年期自我中心主義稍微不同，心理學家大衛・艾肯（David Elkind）首次提出此理論，講述唯有在青少年期顯露的認知行為現象，並首創「假想觀眾」（imaginary audience）概念。青少年會接觸各式各樣的人，擴大對他人的關心。此階段的關心他人並非因為懂得換位思考，其實是因為他們在意他人如何看待自己，時時刻刻在照鏡子，彷彿全世界的人都正在看他臉上很小很小的一顆斑點。因此，可以理解為什麼青少年孩子常說「丟臉（出醜）」了吧！他們誤認所有的人都在關心自己的外貌與行為，宛如自己是舞台上的主角，其他人是台下評論自己的觀眾。

可是台下這些觀眾都非常尖酸刻薄又愛批判，他們必須展現最好的自己給假想觀眾們看，於是他們對臉上的一顆青春痘、髮型、表情動作、妝容與服裝皆很用心。過度意識到他人的眼光，導致孩子表現出種種不成熟的行為，甚至為了吸引目光，做出挑釁或犯蠢的行為，大家常講的中二病就是「假想觀眾」在作祟，青少年時時刻刻都覺得旁邊的人在看自己。

假設一個人在公車或捷運上不小心跌倒，會發生什麼事？已脫離「假想觀眾」時期的人在跌倒的那一瞬間會很慌張，覺得丟臉，但絕不會因為這種事而不搭公車。可是處於這階段的孩子，會自以為公車上的乘客都看到並記得自己跌倒的模樣，所以無論學校再遠都不願搭公車上學。看似有點可笑，但請讀者想想自己的青少年時期，也會喚起類似的經驗吧！

但是青少年期的這些特徵並非都是壞的，雖然過度意識，但這也是他們前往好方向發展的原動力。許多孩子因為他人關注自己的思維，反而更堅守自己的道德心。換言之，也有不少孩子因為假想觀眾的關係，特別嚴謹地遵守社會秩序。

一個曾經討厭上學並在校外遊蕩的孩子說，因為覺得大家都以異樣的眼光看待不去上學的他，所以下定決心要好好上學；一個在課堂上提出奇怪問題並受到好迴響的孩子說，感受到提問的樂趣，促進他的成長，開始懂得在課堂上積極發問。「假想觀眾」的意識對孩子的成長發展也是有幫助。

意外聽老師話的國二生教室

青少年仍然非常情緒化、衝動及非理性，自以為習得的知識與經驗等於全世界。相信Instagram、YouTube或朋友說的話是對的，厭煩、忽視父母或教師誠懇的忠告。因此，父母想要靠近孩子，需要有策略地幫助他們發展思考與意識能力。想要強化孩子的好行為該怎麼做才好？那就成為孩子「現實理想的觀眾」，而非「假想觀眾」。

父母成為孩子真正成熟的觀眾，稱讚鼓勵他的時候，他便能找到身體內猶如寶石般閃耀的自己，展現出成熟的樣貌。偶爾新聞會報導青少年的善行美德，譬如：脫掉自己的大衣給凍倒的老人進行緊急處理，並撥打一一九呼叫救護人員；放學路上撿到裡面有現金兩百萬韓圜的皮夾，送去警察局報案；還有拚命抓住一位五十歲男性阻擋他自殺，直到警察趕到現場……這些孩子哪來的勇氣做這些事？因為這些孩子身邊有自己的現實理想觀眾。

有一個案例很有趣：教師研習會上，某間國中二年級的班級導師說，自己班上的孩子們都安分守己地過學校生活，沒有出現什麼特別的問題。他自謙運氣好，遇到一群乖巧的學生。但身旁與他同校的老師卻說絕對不是因為他運氣好，並稱讚他獨特的帶班祕訣。

是的，絕對不會有運氣好這種事。驚慌失措不知該如何是好的國二生，之所以能夠平安順利度過這一年，班級導師必然有一定的本領。他總說自己沒做什麼，刺激到其他老師，我終於聽到他是怎麼辦到的，原來祕訣是「對每一位孩子表露自己的關心」和「個別簡短的面談」，整理如下：

- 每個月兩次，分別跟每個孩子說話表達關心。
- 跟他們說些話，如「飯多吃一點」、「剪頭髮了啊，頭髮變得很輕盈唷」、「今天心情看起來很不好耶」，當孩子回應什麼的時候，可以簡單幾句「這樣啊」、「很辛苦吧」、「加油」和「我就知道你能做得好」……
- 不事先約談，時不時地與每個學生有所接觸，隨時都能單獨談話。
- 僅針對犯錯的特定事件責罵，明確指出生氣的理由。

大家聽完他說的話之後，真心讚嘆。雖然方法非常簡單，但其中參雜了深入奧妙的心理學原理，柔中帶剛。不做假想觀眾，當一個現實理想觀眾的班級導師，對學生傳達「我正在關注你」的訊息。基於感謝老師的關心，孩子便會莫名產生不想讓老師失望的心情，進而影響他們的行為。老師對每位學生的小小關心改變了孩子。另外，孩子也開始學會跟老師說：「老師，〇〇〇最近好像狀況不太好。」這些傲嬌的國二生們，在看待朋友的時候也和老師關心他們一樣，充滿溫暖的眼神，讓這群孩子們擁有一個安定平穩的愉快學校生活。

最重要的一點，老師對每位學生的小關心都是真心。多虧這樣的關心表現，責罵孩子做錯的時候，他們不會反感。因此，孩子在波濤洶湧的青少年時期，會因為這一點溫柔改變他們的心。當寶貴的孩子正處於假想觀眾世界裡，自認為全世界的人們都在看我、批判我，感到非常痛苦的時候，如果能有一個讓他們領悟的現實理想觀眾，知道有人在關愛我、鼓舞我，無論是問題多嚴重的孩子都能稍微打開自己的心房。

父母該知道的青少年心理三

我是特別的，你都不懂我

我很特別

「我就知道，你就是這樣！」

你曾經因為這一句話，感到內心崩塌嗎？曾經因為這份忍無可忍的侮辱而憎恨說那句話的人嗎？但很諷刺的是，大部分父母或老師都會對孩子說出如此致命傷的話。基於期望孩子往好的方向成長，他們錯信要這麼說孩子才會振作，抑或是不小心說了心口不一的反話。不管是什麼理由，父母都是想跟孩子表達「要努力」的意思。可是，這些隨口說的話會帶給青少年極大的衝擊與挫折。

這些嘮叨不是已經是家常便飯了嗎，為什麼孩子會因此突然暴怒？不知情的父母非常慌張。這是由於父母的嘮叨十年未變，但孩子已經變了。孩子一天一天地長大，來到性格激變的青春期，發展出青少年特有的自我中心主義，即使父母對待孩子的方式一如既往，孩子的反應卻是一百八十度大轉變。

為什麼青少年會特別有這種變化反應？原因在於青少年期自我中心主義與「個人神話謬誤[4]」（personal fable）。個人神話謬誤促使青少年以為自己是獨特的存在，因此相信自己的情感或經驗與他人有極大的不同，親自經歷的友情與愛情，或莽撞的挑戰、脫軌行為是他人做不到的事情，而且自己是最重要且最特別的人，沒有人可以懂自己。個人神話謬誤還會讓青少年錯信自己不管做了什麼事，那些危險狀況絕不會落在自己身上，即使發生危險，自己一定是毫髮無傷。

談到朋友的友情問題，假設媽媽的回應是：「媽媽當時也是這樣的。」孩子會頂嘴說：「不是這樣的！媽媽你一定不會懂，不要裝懂！」青春期的愛情與友情、失望與挫折，以及不安與憂鬱，孩子要的不是父母或教師比他們更早

4 是一種自我本位的行為表現。覺得自己十分重要，自己的感受和想法都很獨特，甚至幻想自己無所不能和含有超自然的神話特質，喜歡對冒險挑戰。

經歷這些的建言，他們只是想要炫耀屬於自己的特別經驗，這是青少年的心理特徵之一。因此某些青少年會將這些獨有的經驗分享給懂自己的朋友、記錄於祕密日記，或上傳貼文到自己的部落格與社群平台。他們覺得自己的遭遇是無人所及、獨一無二，必須昭告天下。

但青少年若以負面心態運作個人神話的心理特徵，常常會出現不對的結論，例如：碰到小問題或困難的時候，判斷這是別人都沒有，只有自己會遇到的衰事。他們的情感與想法會以極端負面思考，總結出錯誤的結論，並產生過度反應。如果孩子的個人神話出現問題，會發生什麼事？

成績退步了↓擔心以後靠什麼賺錢餬口，什麼事都做不了。讀了書，成績還是沒有起色↓沒有人會懂我的心情（個人神話）↓與其求助，不如放棄一切（錯誤結論）

朋友不回我訊息↓如果跟他說我很傷心，他會討厭我↓但沒人懂我的心情（個人神話）↓大家都不喜歡我，沒有人關心我（錯誤結論）

成績退步或是跟朋友的關係產生了距離，無論是誰遇到這種狀況都會擔憂受挫，而這種每個人都會有的情感放在個人神話之中，就會變成誤認「沒人理解我」，最後做出錯誤結論。相信個人神話的青少年們誤認為自己的情感、經驗與想法都是最獨特的，專屬於自己。朋友們不會懂，父母或老師更不會了解，於是負面的個人神話就形成負面的自我效能、自尊心低落，促使他淪陷於無限惡性循環的圈套之中。

除此之外，個人神話還有過度積極自我意識的一面，給予青少年們在某層面的自信心與安慰。但過度處於非現實的想像之中，也會提高他們做出危險、出格行為的機率。孩子衝動犯下錯誤的結果，通常會造成心理致命的傷害，或許事件本身不嚴重，但很多孩子會因此出現不能回歸正常生活軌道的情形。過度的自我意識或破格的錯誤結論，這些皆來自於孩子錯覺的自我確信，在這過程中最先疲憊的會是他們自己，而大人應協助這些孩子順利通過這條黑暗隧道。

間接稱讚的效果

有位孩子覺得自己個子太矮，但身高是改不了的事實，他只能忍受大家的嘲笑。如果對這個孩子說：「個子矮能怎麼辦，你的身高來自遺傳，別亂想了，好好用功讀書！」這時孩子不單覺得自己個子矮，對自我存在價值更會有負面的想法。所以，萬一孩子向父母抱怨自己長得醜、個子矮、成績爛，以及沒有異性喜歡的時候，不能忽視。越叫他不要胡思亂想，孩子越覺得你不懂他，未成熟的個人神話現象就越嚴重。若想幫助這些孩子跳脫思維，絕不能反駁他們因個人神話產生的意識，因為自以為的厲害或現在經歷的憂鬱挫折會讓他們覺得自己是獨特的，很有可能是支撐他們活著的力量。

若想讓孩子安然度過個人神話帶來的影響，其實方法很簡單。首先，擁有健全的親子關係，事情更好解決。「媽媽（爸爸）在你這年紀的時候也有相同的困擾，真的很辛苦。尤其現在跟以前變化很多，或許你現在比媽媽（爸爸）當時更辛苦了。我們該如何安慰你比較好？」

父母告訴孩子以前也有相同的困擾，產生共鳴，孩子能感受到與父母之間心理上的親密；現在和過去相比，你可能更辛苦，這句話應和了孩子的自我中心主義與個人神話心態，孩子能夠擁有被人理解的感受；最後一句該怎麼安慰的提問，表示父母不管如何都會站在他這邊。雖然不能馬上為孩子找到解決問題的好方法，但這樣的一句話讓他們擁有克服困境的內心力量，同時還能打開孩子的心房，促使孩子願意與父母溝通。

不過，孩子的改變不會是一下子奔進父母的懷抱裡，而是回應父母的時候變得溫和一點，隱隱約約吐露自己的事情，慢慢靠近。孩子有這樣的進步便是成功的開始。

假設平時親子關係不好，方才提出的方法反倒有可能引起副作用，因為孩子討厭爸爸媽媽，不敬畏爸媽，導致他們根本不想聽父母的過去，甚至討厭父母假裝理解「特別的自己」。這時候，間接方法更有效。

焦點解決治療的創始者史蒂夫．德．沙澤（Steve de Shazer）強調「間接稱讚」，譬如父母對孩子說班級導師或補習班老師稱讚他，或刻意在旁邊聊天給孩子聽，又或媽媽在通話的時候，無意地跟對方稱讚孩子。

「老師說你最近很認真，怎麼辦到的？」

「你本來就很擅長這些，小時候遇到困難的時候，你比媽媽還要冷靜，都多虧了你，媽媽的心情才可以鎮定平復。」

「○○最近都能自己做好事情，真是長大了。」

「〇〇只要下定決心，專注力比誰都好。」

這些話比直接稱讚更有效果。也許，你會覺得沒什麼好稱讚孩子的？但即便孩子問題多，只要父母願意仔細觀察，還是能看見孩子過人之處。找到孩子的優點，並間接稱讚他，給予正面能量到一定的程度後，孩子能夠以更好的方向發展。假設孩子實際集中力只有十分鐘，父母可以稱讚孩子「短暫集中力很棒」。間接稱讚的好處是說者的心理負擔較輕，且又能平撫聽者的心情。

間接稱讚還能讓孩子發現自己的長處，找到自己要的資源，帶來的效果比直接稱讚更好。不僅證明孩子有能力以對的方法解決問題，並能成功做好。孩子得到間接稱讚後，除了可以提升他的自信心與自尊心，還能以更正面積極的方式解決問題。

「你怎麼知道這樣做能夠幫助到朋友？」

「你是怎麼想到的？」

「這是很好的處理方法，你怎麼會的？」

「你怎麼懂得要在爸爸生氣的時候先安靜忍耐，等氣消之後再跟爸爸談？」

研究「假想觀眾」與「個人神話」的心理學家艾肯強調：「這些心態通常在本人形成安定的親密感後，便會消失。」心理學家阿德勒曾說：「人類的煩惱皆由人際關係而來。」若父母真心想和青少年子女溝通，最好先建立良好的親子關係，一起歡笑，偶爾安慰他們，如果不知道該說些什麼，間接稱讚絕對是最好也是最有效的方法。當你不知道該對孩子說什麼或不知道該如何幫助他們的時候，試試看間接稱讚孩子吧！

父母該知道的青少年心理四

不能照自己個性生活，問題會更多

認同欲求強盛的敏浩

國三的敏浩情緒不會憂鬱或感到不安，但他的自尊心與自信心極低，對於自己的想法或判斷，確信度嚴重不足，而且他非常重視朋友或同儕團體的認同感。具備上述幾項特徵的孩子，通常不會因為讀書的關係而走偏，反而是其他因素。敏浩是一個很想獲得朋友認同的孩子，但由於他的自我表達與自我主張不明確，言行很容易受同儕影響，如果往來的人品性不良，問題會變得更嚴重。

敏浩和一群壞朋友開始鬼混之後，開始不寫作業，後來學會蹺課、遲到，甚至偷過文具店和便利商店的東西。跟朋友玩到通宵雖非他的本意，但他曾離家出走過。身在雙薪家庭，父母都因工作不在家，朋友白天跑去他家玩遊戲是很常見的事。那群朋友裡有些會喝酒，有些會抽菸，每次他們離開之後，都是敏浩幫忙收拾殘局。

同樣的情形反覆重演，敏浩漸漸產生罪惡感和厭倦，開始貶低自己。他知道自己在團體裡並沒有博取到他們的認同，只是被利用而已。所幸，敏浩從中感到羞恥與憤怒，促使他停下腳步，意識到危機，自覺到不該繼續以這種方式毀掉自己。

去年，他和好友吐露自己的情況，那位朋友非常明理，勸他找父母商量，敏浩也認為單靠自己的力量，恐怕無法斷絕與那些壞朋友的來往。雖然一開始父母非常生氣他之前的行為，但經過一段時間冷靜之後，還是幫他思考該如何解決困境，最後父母決定搬家，辦理轉學。萬幸的是，敏浩不再跟那群朋友聯繫，順利繼續學校生活。

敏浩的個性很重視他人的認同與評價。雙薪家庭的父母在他讀小學時，還會在白天聯絡老師，關心他的上學狀況，但自從升上國中，父母以為他已經長大到可以自己處理事情，於是不再關切他的學校生活了。他從父母身上得不到關心與認同，於是將注意力轉到其他人身上，他總是不懂得拒絕朋友無理的要求，道德標準漸漸下降。可是讓他停下腳步的因素同樣來自於這點，極度在意他人眼光的他，因擔心父母知道自己做出這些事後的反應，以及害怕其他朋友與老師投以異樣的眼光，這讓他願意接受朋友與父母的協助，改變自己。

自從那次事件後，父母無論事情大小，不斷鼓勵、稱讚他，協助他找到符合自己水準的補習班好好念書，作業過量時也會幫他跟補習班老師協調減少。因而敏浩高認同欲求和易受外界氛圍影響的個性，能往好的方向發展。

細細觀察青少年孩子的問題行為，大部分與個性相關。雖然個性是有改變的機會，但一心一意只想著要糾正孩子不好的個性，並不是一個明智的作法。**所以父母要做的第一件事是支持與鼓勵孩子，幫助孩子發揮自己原本個性的優勢，再一點一點地矯正不好的地方。**若不先讓他們發揮自己原本的優點再改正，孩子的自我效能反而降低，他們會覺得自己什麼事都做不好，心情憂鬱，很無力。接著我們就來看高中二年級善美的案例！

需要一人獨處時間的善美

就讀高中二年級的善美會因為一點小事就開始擔心與不安，甚至畏縮。憂鬱與無力感甚重，難以集中注意力。學校上課時間都在睡覺，在家也都在睡覺或玩手機。她對自己的未來感到擔憂，又沒有足夠的自信可以獨自解決難題。但很奇怪的是，跟朋友在一起的時候，她總是非常開朗，跟一人獨處的模樣天差地遠。

善美國小六年級曾受到同儕排擠，因此留下陰影。上國中後，大約有五年，她與朋友一起玩的時候都會隱藏自己真實的想法，無條件配合，不懂得拒絕，總是禮讓朋友。這種情況持續過久，她開始變得越來越憂鬱及無力。在接受心理諮商的時候，她仍帶著偽裝的笑容談論自己的故事。也許，笑容是她的防禦機制，她不願說出一個累字，單方面配合對方，直到自己燃燒殆盡。這樣的她哪有其他體力可以應付其他的事情？

我為了勸說她放下在他人面前勉強的慣性笑容，於第二次諮商時拜託她：

「善美啊！今天我們提問談話的時候試著不要笑，小聲地說自己想說的話吧！」

對於我的臨時拜託，善美睜大眼睛，露出一絲慌張。

「你覺得好就說好，討厭就說討厭，不知道就說不知道，需要思考就說我要想一下，總之，說出最接近內心的想法就好。」

善美沉默一會兒，用非常小的聲音回答：「好。」那之後，她有了一百八十度的轉變，因為不用刻意包裝自己的表情，她漸漸顯露原貌，非常沉靜與憂鬱。看著她憂鬱的表情，我擔心地問：

「你覺得照著自己的感受表達，如何？」

「感覺很平靜。」

善美本來是一個內向、喜歡安靜的孩子。她喜歡一個人畫漫畫、聽音樂，緩緩過自己的生活，充飽能量後隔天才有力氣繼續戴上面具面對他人。這樣個性的孩子長期待在人群裡勉強自己微笑聊天，不斷配合對方的心情生活，真的「燃燒殆盡」，一點都不剩了。心力交瘁的她對自己的未來非常迷茫，總是想著放棄，覺得自己做什麼都不行，所以決定乾脆什麼都不做、不挑戰。雖然學校的成績一直維持在中上水平，但有強迫症的她仍覺得自己不夠好。善美很有美術天分，曾得過獎，但她覺得那只是一個區區的校內獎，不算什麼。

心理狀態一旦進入惡性循環，連瑣碎的小事都會以負面態度解讀它，對一點點的小批評或責難都非常敏感，時常感到憤怒。她也不懂得發洩情緒，一直壓抑自己憤怒的情感，不敢表達自我主見，自責的同時增加憂鬱不安的情緒，貶低自尊心與自信心，不斷惡性循環。

現在最重要的是幫助她認知自己的擅長之處，以及幫她創造一個不被朋友左右的環境，她需要一些能夠幫助自我理解與認識自己的活動。還好她仍懷抱夢想，而那個夢想是成為漫畫家，但一方面她又自覺畫畫技巧不好，不足以成為漫畫家。於是我藉由「心理與職業性向測驗」讓她了解自己的心理狀態與職業性向。「好神奇。」這是她聽完測驗結果與分析後說的第一句話，不僅發現未知的自己，她知道自己的夢想與職業性向結果是一致後，非常開心，終於可以往前踏出一步，慢慢走出黑暗的洞穴。

了解到自己的藝術天分與漫畫家特質吻合，善美便開始積極學習電腦繪圖和繪圖軟體技術。經由父母的幫助，她暫時斷絕和朋友玩樂。獨處看似孤單，其實並不然，除了上學或去補習班的時間之外，她一個人練習畫畫，設計漫畫角色與故事情節，在這過程中，她不再勉強自己也能真心笑了，找回最真實的表情。雖然安靜，但心情很安定，偶爾會露出溫柔的微笑，非常自然，最後一次的諮商療程，她嘖嘖稱奇地分享，下課後，同學們都會主動找她，拜託她給他們看畫，還請她幫忙畫。以前善美是朋友們的小跟班，一直委曲求全配合，如今她在找回真實自我的同時，也與朋友們建立了一段新的健康友情。

我家孩子的個性是？

善美曾說：「我不知道我是誰？」明明與自己的個性不吻合，卻勉強自己配合對方，這樣的青少年若在形成自我的發展課題中發生失敗，即有可能與善美一樣面臨類似情形。青少年是一個認清、了解自我的時期。當孩子備受理解、關愛與尊重，就能好好成長。但父母若僅以自己認為是對的想法教育孩子，他會產生混亂、挫折、不安與恐懼，導致孩子不願接受父母鋪好的道路，陷入錯誤的困境或犯下錯誤的行為。

父母總是說不懂孩子在想什麼，卻不會說不懂個性，父母只是不滿意孩子的個性，否認他們，如果孩子的個性是不會安靜地照表操課，就會擔心他。嘴上跟孩子說只要把該做的事情都做好，想玩什麼都可以，但老實說，有多少人的個性是會先把該做的事做完再休息？有些人的個性是需要倚靠別人的稱讚才有動力做事；有些則是需要擁有一個人思考的時間，隔天才有力氣完成艱難任務；有些不喜歡照表操課；有些不按照規劃進行的話會很不安，原因可能來自於他本來的個人特質，也有可能是成長過中被社會化的性格。個性是指一個人的特徵、持續慣性的行為模式。知道一個人的個性是什麼，可以事先預測到這個人在什麼樣的情況會做出什麼行為。天生個人特質與社會化的性格皆很重要，人會在成長中慢慢形成自我個性，直到二十歲發育完成。至二十歲後，人的個性不會有太大的改變。

父母該了解孩子的個人特質，並以符合他們的個性且最有效、溫和的方式進行教育。要求一個害怕站在人群面前的孩子參加演講比賽，來突破自己的個性，猶如翻越一座高牆一樣難。面對這樣個性的孩子，父母可以對他說：「你能在一兩個人面前自然地表達想法已經很棒了。」相反，若對一個喜歡在人群面前秀自己的孩子說他這樣做是不好的行為，不該到處亂跑，要他乖乖坐下，一樣違反了孩子的個性，造成他們的自我發展動機受挫。

青少年喜歡玩心理測驗，因為想要經由測驗了解自己到底是誰。雖然他們拒絕測驗自己是否有心理問題，不過喜歡測驗來理解自己現階段的能力可以做些什麼，發掘自己的興趣與擅長，因為他們想知道自己是怎麼樣的人。以善美為例，她明知自己的行為有問題，心裡接受心理諮商這件事但身體卻嚴重抗拒，可是在我拜託她進行「職業性向測驗」時，卻很快地答應，便可以知道青少年的這個特點。

父母需熟記一點：先發揮個性的優點，再修飾個性不足之處。父母同樣也需要先了解自己的優點，再養育孩子。因此，我會在青少年進行心理測驗的同時，一起測驗父母的個性及品行。父母的個性雖不易更改，但若孩子出問題的原因，來自於他的生活過得不像自己，父母該要先停止原本的教育方式。所以在與父母進行諮商時，我常會跟他們說：

「你們已經做得很好了，只不過方式與孩子個性不符，導致孩子出現問題。這麼說可能會很心痛，可是你們是該停止原本的作法。倘若你們非常渴望孩子的變化，勢必要改。可以不需要一天二十四小時都順著孩子意願，一味地忍耐配合，當孩子一切正常時，父母可以依照自己的個性對待他們。但是當孩子需要幫忙時，父母最好依照孩子的個性，給予他們現在最需要的幫助，如此才能度過青少年的關卡。」

父母該知道的青少年心理五

為找尋自我，煩惱與徬徨

比作業更重要的事

青少年除了國英數成績和身高體重之外，更重要的發展課題是取得心理成就。雖然要長得高，成績要好，心理成長更需要好。但一心只在孩子課業上表現的父母總忘記這件事，根據韓國政府的「女性家族部」（MOGEF）出版品〈二〇一九年的青少年統計〉：二〇一八年裡，青少年的壓力認知率分別為男學生佔38.9%，女學生佔51.1%，女學生高於男學生，且年級越高，佔比率越是增加。所以，我們更需要關注青少年憂鬱情感的經驗佔比。韓國政府以「近十二個月，有兩周以上曾陷入悲傷或絕望，以致斷絕正常日常生活的人」為題進行調查，有這樣憂鬱情況者的比率：國中生佔25.2%，高中生佔28.7%，男學生佔21.1%，女學生佔33.6%。由此可知，年級越高，比率越高，而女學生佔比大於男學生。

換句話說，以三十個人為一班的國高中生，其中約十至十四個學生感到壓力非常大。而在那之中，又有八、九個學生曾經因悲傷情緒或絕望，以致兩周斷絕正常生活。如果還自認為你的孩子是屬於範圍外的健康孩子，應要重新仔細判斷，因為即便他們未脫離正常生活，照樣上下學，但若仔細探究精神健康，很多孩子處於危險狀態。我曾訪問一位順利高中畢業的大學青年，講述他的青少年時期，他說：

「我的個性就是愛找好玩的事物，一天裡有不少歡笑的時光，包括：下課時間跟朋友們開開玩笑、在運動場打籃球、偶爾蹺掉晚自習、拿零用錢去買各種好吃的，得過且過。但這不代表我不曾有過自殺的念頭。當時因為自己的個性和父母，讓我很有壓力，對未來感到迷惘，那時也曾想過要自殺。我的好友們都曾有過這樣的念頭。」

有位大學生表示自己在辛苦的高中時期不曾向人求助過，他認為跟媽媽訴苦無濟於事，而與爸爸早從國三時就不曾說過話了。但幸好這位大學青年將心理壓力、挫折與攻擊性能量發洩在讀書學習上，提升自己的成績。父母和老師稱讚不已，但本人卻不甚開心。父母不懂他的內心，只因為看見孩子成績進步而高興，孩子對父母只有埋怨。如願考上父母理想的大學後，他主動尋求心理諮商，並表示希望別將此事告訴父母，他要我放心診療的費用，說自己早已於高中存下所有的零用錢，足以支付。

寫這些案例的目的，並不是要恐嚇那些放任青少年不管的父母，只是為了證明青少年即使外表看似安然無恙，當他受到挫折或感到不安的時候，他的心依然會痛，但不是每個孩子都會將痛苦表現於外。一般信任父母或老師的孩子會找去他們商議與求助，像是有些孩子會假借身體不舒服去保健室找老師訴苦，獲得勇氣；有些孩子則會很認真地拜託父母帶他去心理諮商，因為他很清楚知道自己心裡出現問題，懂得請求協助，代表他擁有健康的想法。

孩子個性好，考進一所好大學，不代表他過得很好，內心很有可能是腐蝕潰爛，就像暴風前夕的寧靜。聽大人的話，相信考上一所好大學一切都會好，可是真正進入大學，卻患上「大二病」的孩子，大有人在。雖然成功晉升為大學生了，可是他還是沒能找到自己未來該怎麼生活的方向，生活還是跟過去一樣，導致他們心理崩塌。有些父母事後得知順利就讀大學的孩子，竟然在服用治療憂鬱症的藥物，對此深感抱歉與自責。

青少年痛苦的原因是什麼？你可以說是因為過量的學習與作業，但這不是全部。父母針對孩子的讀書成績和未來出路，做足了教育，但是卻漠視孩子的心理成長，要他們自己看著辦。

接下來，我們來探究青少年的內心發展過程吧！每個階段的孩子會面臨什麼心理課題？該如何成功修完每個階段的心理課題，閃閃發光地成長？萬一沒能完成課題，會發生什麼事？有什麼應對措施？青少年壓力與憂鬱的生成因素除了讀書、成績與未來出路之外，亦受心理發展問題影響。

青少年必然得面對的心理課題

艾瑞克・霍姆伯格・艾瑞克森（Erik Homburger Erikson）是首位以人類一生的發展過程創論的精神分析心理學家。生物學上的成長過程與社會壓力的相互作用，雖有文化上的差異，但一般可分成八個人生階段，也就是著名的心理社會發展理論。艾瑞克森提出：每個階段都有每個人必須克服的心理社會危機與息息相關的發展課題。發展課題，意指個人適應環境需要的心理與社會技巧。

順利完成上一階段的課題有助於下一階段的實行；反之，上一階段的課題若不能完成，接下來的課題將會經歷困難。由此可知，幼兒與國小階段發展順利，青少年期會成長得更好；但如果上一段階段的心理社會發展出現問題，焦點不能只放在當下的課題，還必須同時彌補上一階段的缺陷。或許你會很鬱悶：當下要面對的課題已經這麼多了，哪裡還有時間修補過去的傷口？但若不解決心理上的傷口，一直咬牙硬撐，絕不可能改善。你必須趕緊掉頭回去處理，這才是解決當下課題最好的辦法。

如果現在很不能理解孩子，父母需要先了解他們現在成長過程中少了什麼，若發現原因出自於過去的育兒模式，雖然一開始心裡會很不好受，但唯有除去問題根源，孩子才能走向更美好的未來。我們先講前六個人生階段，包括孩子一出生後的嬰兒期，再到幼兒期、學齡前兒童期、學齡兒童期、青少年期與成年早期。

艾瑞克森的心理社會發展理論

第一階段：信任與不信任（0～一歲）

嬰兒要透過父母才能滿足自己的身心需求，學習外界的認知與感受。信任係指孩子相信自己、他人，以及外界環境，擁有「對我如此百般呵護的世界是值得信賴的地方」、「我很不錯，是很重要的人」這樣的思維。由於父母真誠和溫暖的照顧，加上外界給予統一的支持，嬰兒對此產生信任。反之，嬰兒若缺乏父母的照顧與保護，則將形成不信任。艾瑞克森說這時期形成的信任與往後的各種社會關係的建立與適應有極密切重要的關聯。

第二階段：自律與害羞（二～三歲）

這時期的幼兒最常說的話是「不是」、「不要」和「我要」，拒絕受人控制，學習自律。因此，提供孩子自己動手做的機會越多越好。當然不是要給他們完全的自由，父母應幫助孩子在做的過程中，自己可以越做越厲害。例如：

稱讚自己吃飯或穿衣服的孩子，幫助孩子產生自我完成任務的成就感。若時常責罵孩子，說他做得不好，孩子會開始懷疑自己的能力，對自身感到羞愧。所以不管是過度保護、過度放任，或過度教訓孩子都會妨礙心理成長。

第三階段：主動與罪惡感（四～六歲）

主動，代表孩子具備責任心，擁有領導他人的態度。這時候的孩子不管做什麼事情，都希望依照自己的意思去做，表示「我就是要這麼做」。他們探究新事物的好奇心重，會說這是「我的杯子、我的衣服和我的玩具」展現旺盛的佔有欲。無論什麼情況都會哭鬧「這是我的！」也是最愛跟人頂嘴的時期。雖然這麼說會有點難以接受，但這些讓父母頭疼的行為，正是孩子有好好成長的證據。如果能夠支持孩子的主動性行為，有助於孩子的主動發展；反之，父母不僅限制了孩子的行為，對孩子的好奇問題嫌煩，這時孩子容易產生罪惡感。

第四階段：勤奮進取與自貶自卑（六～十一歲）

這階段是決定自我成長的黃金期。這時期的學齡兒童要去學一些基本的認知與社會技巧，脫離家庭範圍，進入更寬廣的同儕社會。因此，這階段的孩子成就動機強烈，喜歡學習各種事物，非常用功讀書，想要成為優秀人才，所以鼓勵與稱讚他們很重要。與其他人做比較會讓孩子產生優劣感，故千萬別以學校成績判斷孩子的能力。不是只有用功讀書才是勤奮。萬一孩子不能在這時期培養勤奮精神，在孩子犯錯或失敗時一味指責他，這會造成孩子對自己產生致命的劣等感。

第五階段：自我統整與角色混淆（十二～十八歲）

艾瑞克森認為八個階段中第五階段最為重要。因為這時期的孩子會因生理大幅的變化產生性別衝擊，威脅內在自我。由於身體快速成長，外表有極大的變化，這時期的孩子非常驚慌失措，常常站在鏡子面前觀察自己。他們面臨最重要的課題是「我是誰？」「我的社會地位在哪裡？」意識與確立自己的能力、角色與責任。同時，此階段也是選擇與決定未來的重要時刻。即使認真尋找解開疑問的答案，但仍無法輕易獲得，為此而煩惱與徬徨。

煩惱與徬徨時間拉長，便開始產生角色混淆，更難取得自我效能。因此，青少年會在同儕團體或尊敬的英雄人物裡尋找楷模。除此之外，為了試驗自己，他們開始加入各種社團，參與許多不同的活動。

如果能在這個階段確立發展正向的自我效能，不管在之後的哪一個階段遇到心理危機都能平安度過；反之，則會到了下個階段還在持續徬徨。這階段的重要性媲美第一階段。

第六階段・親密與孤立（十九～三十歲）

正式進入到成人生活，選擇自己的職業與尋覓共度一生的伴侶，這時期最重要的課題是建立與他人的關係親密性。艾瑞克森表示需要先在青少年期確立正向的自我效能，才能在下一階段形成真正的親密性。一個未建立成熟自我效能的人，對自己無法產生自信心，所以不能在與他人的關係之中形成親密連結，最終將自我陷入孤立。

你的孩子現在正在什麼階段？過去的發展課題都順利過關了嗎？也許他現在的問題與過去的成長過程有關。因此，父母今天責罵孩子沒把事情做好，或追問他為什麼犯錯，一點意義也沒有。父母該做的是修復以前折磨孩子的陰影，如果能對孩子有那麼一點惻隱之心，孩子絕對能比現在變得更好。所以，我們要來講講父母的心理狀況。

孩子注重自我效能，父母在意生產能力

青春期兒子碰上更年期媽媽，誰會贏？這是一個青少年媽媽之間說的玩笑話，好笑又令人悲傷。更年期不亞於青春期。因此，更年期與青春期碰撞的火花對決，結果只會兩敗俱傷。

艾瑞克森心理社會發展理論的第七階段是生產與停滯（三十五～六十五歲）時期，這階段的課題是生產能力。（補充：第八階段是老年期，自我統整與悲觀絕望。）生產能力係指生育孩子培養下一世代的能力，也可以是透過工作成就或學術藝文上的能力表現。如果這時候因某種因素導致生產能力無法正常發揮，出現停滯的情形，此情形之下，他們重視自我需求大於對他人的關心，容易缺乏寬容。

這時期的身體機能開始走下坡，但它卻是發展內心成熟精神的好時機。因

為身體衰退會有點辛苦，但是為了尚未發育完全的孩子，必須擁有健康的生產能力。父母擁有健康的生產能力，即能幫助孩子成熟地長大，雖然孩子未經思考的行為令人傷心與生氣，但最重要的應該是調適自我心情，判斷孩子最需要的幫助是什麼。

敬佩人物是青少年確立自我效能的關鍵之一。青少年接受自己喜歡的人，會聽他認定「重要人士」的意見，並納入自我成長的一部分。所以，父母或老師要扮演影響青少年成長發展的「意義人物」。不是每一位都能成為青少年的「重要且有意義的人」，你家孩子現在有一個尊敬及效仿的典範嗎？青少年典範一般是世宗大王、李舜臣或海倫．凱勒等創造歷史性成績的偉人，或當代完成宏觀偉業的賈伯斯等大人物，乍看之下或許會覺得是他們創造的績效受人尊敬，但詢問青少年尊敬這些人的原因，是他們都曾在困境經歷挫折，卻依然有勇於挑戰的精神。根據其他研究結果，同樣可以發現這個敬佩人物帶給青少年有不同凡響的意義存在。某專業英語學習機構曾調查「英語天才們的敬佩對象」，二〇一六年父母排第四名，二〇一七年則晉升為第一名。

那些高三生敬佩父母的理由，包括：敬佩媽媽「為家人犧牲奉獻」、

「常聽我訴苦且給我建議」、「一直在我身邊」、「身為職業媽媽，家庭工作兩者兼顧」等；敬佩爸爸「身為一家之主，誠實對待家庭與公司」、「一人承擔家計」、「做好家庭倚靠支柱」和「談得來」。

青少年尊敬父母的理由是會聽他訴苦、跟他談得來，以及相信他。因為那份敬意而努力生活到現在，所以父母要有一定的存在感。倘若能有一位成熟的大人理解孩子痛苦的內心，協助他們發展自我效能，不管是孩子或父母，都能在各自的發展課題中取得成就。

被譽為「幸福經濟學」之父的英國理查・萊亞德（Richard Layard）教授強調：「最能正確預測成人期生活滿意度的變數，是兒童與青少年期的情感健康程度，而非學業成就取得程度。」因此，父母應該檢討自己是否有照顧好孩子的情感健康，並於第三部學習如何做好幫助孩子改變的角色。

這都是正常現象

令父母擔心的孩子行為

我請青少年父母寫出孩子的行為中，最令他們頭疼傷心的五個問題行為，國小高年級父母與國高中父母的回答整理如下：

父母認為的國小高年級生問題行為

情感狀態 說話口氣差與狂妄、經常不好好回答、不懂得顧及他人、自我中心、急性子、容忍力不足、連說一句「好，我知道了」都不會、要大聲說話才聽得見、常跟弟弟妹妹吵架。

手機與遊戲 過度沉迷於電視或手機、一直看影片、顧著打遊戲、經常不遵守玩遊戲的時間約定。

學習態度 不愛坐到書桌前讀書、每次都先玩再寫作業、寫作業的時候愛東摸西摸、忘記帶作業回家、專注力不好、不知道自己要幹嘛、坐姿沒坐好、經常蹺課不去補習班。

日常行為 基本的洗澡換衣服都做不好、房間髒亂不整理、早上愛賴床、隨地亂丟衛生紙、不整理書桌、經常遲到、沒朋友、內向怕生。

父母認為的國高中生問題行為

情感狀態 大聲尖叫、說話沒禮貌愛發牢騷、喜歡頂嘴或冷戰、時常發脾氣、不愛講話、不會控制情感、固執一些無意義的小事、一生氣就甩房門上鎖、不出房門、一傷心就趴著哭、時時刻刻都在生氣、取笑挖苦別人、對媽媽大呼小叫發脾氣、跟弟弟妹妹吵架、打罵弟弟妹妹。

手機與遊戲 過度沉淪電視或手機、社群軟體的通知聲一響就失去理性、一天看網漫超過兩小時以上、蹺掉補習班的課去網咖打遊戲、沒收手機就跟朋友借空機使用。

學習態度 不做作業、討厭讀書、做什麼都三分鐘熱度、沒有時間觀念、不做或拖延做該做的事、考試期間跑出去玩、坐在書桌前做別的事、不知道考試範圍、常以給錢或手機作為成績進步的交換條件、放棄念某個科目、乾脆放棄讀書。

日常行為 做任何事都慢吞吞很勉強、經常駝背或姿勢不良、不愛洗澡與發懶、愛咬指甲、沒洗澡就睡覺、不讓人進他的房間、熬夜不睡覺做別的事、通宵講電話、放假日經常睡到中午十二點、晚回家、跟壞孩子一起混。

顯而易見，青春期徵兆從國小高年級起出現，邁入國中後變得更顯著。這些真的都是有問題的現象嗎？還是正常一般青少年都會經歷的現象？整體看來，日常行為越來越不老實，對待家人的態度變得沒大沒小，以及長時間玩手機等狀況的確是很有問題，尤其不用功讀書、拒絕與家人溝通的態度，孩子似乎越走越偏了。

不過換另一角度思考，以前父母在青少年期的模樣，當時的情感狀態、學習態度及日常行為與現在的孩子沒什麼太大不同。除了一點：三十年後的現在，每個孩子手上都拿著智慧型手機，導致發生問題行為的危險性更高。孩子們都沉迷於這個父母不得管控的虛擬世界，這裡面並非都有問題。如果逾越道德界線的行為次數增加，理當需要擔憂孩子的狀況，制定對應策略。但細看，排除一部分嚴重問題外，孩子的其他行為都是每個人在青少年時期會做的事。

因此，前述父母認為有問題的大部分行為，應視為每個成長中孩子的經歷過程。回想前面描述的青少年心理特徵，便可明白這些行為大致屬正常現象。不是只有我家的孩子會有這樣的行為，其他孩子同樣是這個模樣，所以父母應重建看待孩子的角度與態度，致力於恢復關係，孩子才能平安順利度過這段時期。

進入國小高年級後，課業難度變高，開始顯露性格上的問題，造成孩子的日常生活態度出現問題，父母的嘮叨與教訓不再管用。到了國中，因身體的快速變化，引起他們對性別的好奇與衝動，導致情緒不安與混亂，一不小心會做出脫軌行為。升到高中以後，因成績與入學考試的關係，感覺很茫然與不安，偶爾會憂鬱或情緒爆發。

雖然上述大部分的現象屬正常行為範圍，但不代表要放任他們，父母應適度介入與照顧。如果父母能夠理解青少年的心理，適度給予支持與幫助，他們能更輕鬆解決這些問題。青春期徵兆稍微嚴重的孩子，譬如每天熬夜跟朋友通訊聊天，一到周末就瞞著父母通宵打遊戲等，這時父母只要掌控孩子某種程度的生活，訂定規則，協助他們平安度過這段狂風暴雨的時期，必能抑止這些行為的加重。故以理解孩子為基礎，適時、適當地介入他們的生活，孩子也會願意找父母商議，尋求生活自由與管控之間的平衡點。

「如果我一直玩遊戲，請跟我說不要再玩了。」

「和朋友在外玩的時候，我不好意思先說要回家，所以拜託媽媽兩個小時後打給我。」

「寫完評量後，幫我打分數。」

「明天我要早上六點起床再複習一遍預測考題，所以請叫我起床，一定要叫到我起床為止！」

若青少年孩子能夠對父母說這些話，不僅表示孩子正往成長與成熟的方向發展，身為父母聽到這些話的時候也會感到非常欣慰，心滿意足。所以，父母應著力於如何輔佐孩子們，願意主動說出這些話。

孩子請求協助的信號

當國小高年級開始進入青春期的時候，如果父母未給予適當的協助，幫助他們改善這些問題，到了他們升上國高中，這些問題行為會更嚴重。發脾氣甩門進房的行為，雖然父母必然不甚滿意，但某種程度上仍屬正常現象範圍。假如每天熬夜玩電腦或看影片、不去上學的日子越來越多，或者與父母的衝突演變成暴力行為時，就必須察覺到有什麼嚴重的事情發生在孩子身上。

嚴重一點的，孩子不把心思放在校園生活，整天跟愛玩的孩子混在一起，成為暴力的加害者。更劇烈一點的，則是孩子迷上運動彩券賭博，或玩聊天軟體遭受到視訊詐騙。回頭一看，讓青少年誤入歧途，走向自身毀滅的禍首，竟是因為父母未能及時發現孩子發出的信號，即使發現，也只會要求他們安分守己地寫作業，親子之間溝通不良，讓孩子不願向父母吐露自己遭遇到的危機，看得真叫人不捨。不論理由是什麼，父母看見孩子這樣子會難受，但也別忘了，最難受的人會是孩子本人。

孩子裝作若無其事，一副灑脫的樣子，父母絕不能忽視，因為他們會覺得什麼事都做不了，乾脆裝作若無其事；或者因找不到解決辦法，所以假裝一點關係都沒有。**青少年的行為是問題，同時也是求救信號**。孩子年幼時，因未學習表達自我情感內心的方法，只好以哭鬧的方式表達，但在他長大之後，若遇到無法正確表達內心想法的時候，會改以行為方式呈現，父母若將孩子的這些行為僅視為問題，就難以理解孩子的真心。因此，孩子的問題行為除了是父母必須解決的「問題」之外，更是如同暗號般的求助「信號」。

「這算什麼求助信號？需要幫忙就說，幹嘛製造問題？哪是什麼信號，根本只知道闖禍。醫生為什麼總說這是信號？」在我解釋要把孩子顯露外在的問題視為求助信號的時候，有位媽媽如此反駁我。

的確，父母有可能這麼想，但換個思維：不斷教訓哭鬧的孩子，他還是不會停止哭鬧；相反地，若適時安撫他受傷的心靈，孩子就會減少哭鬧行為。同理可證，孩子哭鬧是一種問題行為，也是求助信號。心理發育當尚未健全的青少年問題行為，除了種類與嚴重程度不同之外，實際上仍然是一種未能正確表達自我的表現。父母面對青少年的行為，若僅視作問題，反而造成他們的行為越惡化。

總而言之，父母能及時察覺孩子用全身表達出來的求助信號，是改善孩子的第一步關鍵。

這是出問題的信號

太心痛了

這天是第八期青少年父母教育開課的第一天，匯集約二十名家有十一至二十歲青少年的父母。本來青少年父母的教育課程參與度就非常低，因為他們覺得即使努力，也難以期待孩子的日常行為或學習態度會有所改變，與其做些什麼，還不如孩子自己努力念書。不過，這些參加課程的父母們，都殷切希望能改善與孩子之間的關係，並學會如何引領孩子產生變化，走向更美好的未來。他們一方面煩惱該如何做一個成熟的父母，同時也因為孩子的現況極度糟糕，而必須想辦法立即改善。

上課的第一個小時，我先請每位父母自我介紹，包含：自己的名字、孩子的年紀及就讀年級、參加這堂課的理由，以及希望在這堂課之中獲得什麼。某位媽媽開始自我介紹時，其他的媽媽都邊聽邊流淚。這位媽媽在介紹完孩子就讀的年級，講到她希望能在課堂中獲得什麼的時候，哽咽到說不出話來。看見那位媽媽的哽咽，大家都不禁熱淚盈眶，明明是為了孩子而來，在場的父母各各比孩子更心痛與受傷。

每位爸媽孩子的情況皆不同：有些孩子每天都吵著不要上學；有些努力接受心理諮商但仍無明顯的變化；有些休學在家不做事只顧玩遊戲；有些做什麼事都興致缺缺；有些性格大變，成為校園霸凌的被害者或加害者，甚至有些因受傷經驗而出現被害妄想症。這些孩子們的狀況為什麼變成如此嚴重？

察覺青少年的憂鬱現象

青少年心理狀態出問題的信號比想像中來得更複雜，即使父母知道孩子因上學很累、很煩，但依舊難以察覺孩子求助的信號。但這也沒辦法，大部分的青少年不喜歡向父母吐露自己的問題，討厭父母干涉自己的生活，當然不容易察覺孩子出問題。因此，青少年父母須主動深入觀察孩子的生活，例如：孩子是否健康地成長、有沒有遇到什麼困難等。近年來，學校也會進行「學生情緒行為性向測驗」，透過測驗了解孩子的心理健康狀態。若測驗結果出現一點需注意的地方，千萬別忽視，並盡早請求專家協助，孩子才能更順利克服困難。

憂鬱是青少年出現心理問題的典型信號，包括憂鬱感和憂鬱症，兩者有所區分。憂鬱感是胸悶、心思煩亂與失去活力的情感表現，譬如發生什麼不好的事或產生什麼危險，所以警惕自己要小心一點，因此，心情變得憂鬱，經常會以悲觀角度看事情。相反地，憂鬱症是一種病態現象，與憂鬱感最大的差別在自己並無意識到，莫名心情低落且無法自我控制。另一個差別是身體的症狀，憂鬱症會讓人睡不著覺、集中力下降，偶爾會厭食或暴食。如上述症狀持續未癒，請趕緊就醫。

憂鬱感過重不等同憂鬱症，但憂鬱感加重的話，對任何事都以負面思考，過度感到恐懼不安，這時的憂鬱感已脫離正常範圍，很有可能變成憂鬱症。憂鬱症對青少年會造成極大的影響，由於無法專心讀書導致成績退步，促使他們對自己感到絕望，抗拒上學。不但容易疲憊，對任何事也毫無關心，想放棄一切。因此，當青少年出現憂鬱感現象的時候，不能靜靜等待他自己克服，父母應出面制止以防深化為憂鬱症，積極幫助孩子找到喜歡的興趣愛好，鼓勵孩子找回自信心。

青少年的憂鬱症又稱作「戴上面具的憂鬱症」。成人在心情不好的時候會表達自己的憂鬱，但青少年們僅以「好無聊」、「無趣」、「好煩」和「都與我無關」等話語，或違反道德與反抗的行為表達情緒。況且孩子不易察覺自己的情緒，更不可能會對人說出：「我好憂鬱，請幫幫我。」至今韓國的社會大眾，對兒童青少年的憂鬱症看法還是認為：「小孩子能有什麼憂鬱症啊？」可是，青少年憂鬱症正是孩子心理出問題的徵兆，一定要把握線索。

以下為哥倫比亞大學精神科教授邁爾娜．米爾格拉姆．魏斯曼（Myrna Milgram Weissman）與夥伴一同研發的青少年憂鬱量表，觀察青少年一周內在情感層面上的憂鬱狀態。除了孩子自主檢測之外，亦包括父母觀察孩子的部分，兩者比對之後互相討論，有助於理解孩子的心理狀態。如果測量分數高於基本標準，一定要盡快尋求專家協助。

兒童與青少年的憂鬱量表

請於閱讀完下列文句後選擇過去一周內的自身感受程度：

編號	描述	極少 (未滿1天)	偶爾 (1~2天)	經常 (3~4天)	非常 (5~7天)
1	對稀鬆平常的事感到煩躁。	0	1	2	3
2	沒有胃口，不怎麼想吃東西。	0	1	2	3
3	努力開心地跟家人朋友相處， 但還是不開心。	0	1	2	3
4	覺得自己跟其他朋友一樣不錯。	3	2	1	0
5	很難專注做自己的事。	0	1	2	3
6	胸悶憂鬱。	0	1	2	3
7	做任何事都很累。	0	1	2	3
8	感覺似乎有好事發生。	3	2	1	0
9	沒有一件事順利解決。	0	1	2	3
10	感到恐懼。	0	1	2	3
11	睡眠不好。	0	1	2	3
12	覺得幸福。	3	2	1	0
13	話比以前少。	0	1	2	3
14	覺得自己很孤單，沒朋友。	0	1	2	3
15	朋友都不善待我， 感覺他們討厭和我一起玩。	0	1	2	3
16	度過一個快樂時光。	3	2	1	0
17	覺得想哭。	0	1	2	3
18	感到傷心。	0	1	2	3
19	彷彿大家都不喜歡我。	0	1	2	3
20	難以開始做一件事。	0	1	2	3

(CES-DC：Center for Epidemiological Studies-Depression Scale for Children)

評分方法：各項分數加總　16 分以上：輕度憂鬱　25 分以上：中度憂鬱

易罹患憂鬱症者有一些特徵：太在意周圍對自己的想法、聽到別人批評自己的時候無法馬上反駁、任何事都要做到最完美，以及不懂拒絕他人請託。雖然大家多少都可能有這些現象，但若過度則難以保持健康的心態。因此，如果你的孩子擁有上述的性格特徵，父母須於平時給予孩子充分的安定與尊重。倘若孩子未能在國高中時期改善心理狀態，成為大學生以後，問題會更顯著。

依據「首爾大學生福利現況與發展方案最終報告書」，首爾大學評委會研究團隊以首爾大學在學生為對象於二〇一八年六月十八日至七月十五日進行「焦躁與憂鬱度」問卷調查，結果顯示一千七百六十名應答者之中，八百一十八名（46.5%）回答患有憂鬱症。

研究團隊透過二十四個提問分析判斷首爾大學在學生的憂鬱與焦躁情緒程度：「輕度憂鬱症」佔29.4%；「中度憂鬱」佔15%；「重度憂鬱」則佔2.1%。其中，回答「想過要接受心理諮商」的學生超過半數，總佔比51.7%。

成年的精神健康問題不僅限於首爾大學生，近期大學生的憂鬱症逐漸成為社會議題的對象。今年梨花女子大學的學生諮商中心外聘教授吳惠英，調查二千六百名全國大學生，研究「大學生的心理危機狀態」。依調查結果發現

43.2%大學生患得憂鬱症狀；74.5%則有焦慮症狀，被歸類於危險群或潛在危險群。她解釋：學業與就業壓力越來越大，導致韓國大學生的心理危機狀態日益嚴重。（〈每日經濟〉，2018.11.30.）

從以上報導再度證明：父母應要在問題嚴重化之前察覺到孩子的內心想法，及時照顧好。

看懂校園霸凌的信號

青少年孩子的主要活動領域在學校，學校不僅是讀書考試的地方，還是體驗各種社會人際關係的地方。因此，孩子在學校發生問題，會對他的生活方向造成大幅影響，但很多父母只在意孩子的成績，忽略了求助的信號。

遭受校園霸凌的被害學生通常不會向父母或老師報告，反而會找朋友討論或一個人悶在心裡。這時候，父母需要細心觀察與注意，一旦發現異狀，一定要與孩子溝通了解真相。但不能太著急，要是窮追不捨地問孩子，孩子反倒畏縮，不敢說出事情的真相。倉促處理會讓孩子更痛苦，事情變得更複雜。當發覺到孩子遭受校園霸凌的跡象後，一定要先冷靜思考，以更專業的方法對應處理，這才是真正守護孩子安全的第一步。

被害學生的徵兆

在家裡

- 學校成績急速退步。
- 無故缺席。
- 突然討厭上學，想要休學或轉學。
- 學校用品或教科書經常不見或毀壞。
- 筆記本、書包或書本上出現各種亂塗鴉。
- 制服變髒或有撕裂痕跡。
- 經常談論其他同儕被欺負的遭遇。
- 沒有互相傳訊聊天的朋友。

- 鮮少被邀請參加朋友的生日派對。
- 常突然接到朋友的電話就跑出去。
- 電話聲一響就很不安，不讓人接電話。
- 常說自己把愛惜的珍藏品借給朋友。
- 身上出現傷口或瘀青。
- 天天哀號頭痛或肚子痛。
- 一回到家就一副疲憊的模樣躺在床上。
- 容易被一點聲音嚇到，出現神經質反應。
- 不願動身做事，喜歡一個人待在房間。
- 回到家後說肚子餓，暴飲暴食。
- 個性內向羞怯，表情焦躁。
- 突然說要學拳擊或跆拳道。
- 經常避開父母的眼神。
- 放假不出門，沉迷於在家玩遊戲。
- 比以前更常伸手要零用錢，偶爾還會偷父母的錢。

- 對報仇、殺人或刀槍感興趣。
- 比以前更常生氣和流淚。

在學校

- 總有人傳橡皮擦、衛生紙或紙條給某個孩子。
- 霸凌小團體經常對受到排擠的孩子露出奇怪的笑容。
- 身體總是捲曲著，像似有人在搔癢。
- 制服上有撕裂的痕跡，卻說沒事。
- 制服上被亂塗鴉或寫了不雅粗俗的字眼。
- 異於平時上課的狀態，不能專心聽課或顯得焦躁不安。
- 教科書或必備文具不見。
- 經常未準備上課用品，被老師責罰。
- 教科書、筆記本和書包上有很多亂塗鴉。
- 流鼻血或臉上有傷痕，問了卻說沒事。
- 時常靈魂出竅，擺出深思的表情。

- 常不吃午餐。
- 總是一個人吃飯吃很快。
- 不喜歡和朋友玩，常在教室或專科教室和老師待著。
- 不喜歡待在自己的教室，到處去別班教室遊蕩。
- 經常和朋友練習拳擊格鬥技比賽。
- 幾乎沒什麼要好的朋友，或只跟少數朋友在一起。
- 待在教室外的時間比教室內長。
- 常遲到。
- 搭乘與家裡方向不同的公車路線。
- 比其他同學晚出學校。
- 學校成績急速退步。
- 相較以前，對學習的興致消失。
- 不參加學校活動，如：訓練營、畢業旅行或運動會。
- 無故缺席。
- 對一點小事出現過度的敏感反應。

- 顯露焦慮不安、恐懼的表情。
- 躊躇徘徊，似乎有話想說。

加害學生的徵兆

在家裡

- 不常跟父母說話，愛叛逆生氣。
- 拿著不曾買給他的高價物品，問了卻說朋友借他的。
- 重視朋友關係，在外和朋友玩到半夜，晚歸或回家時間不規律。
- 越來越多隱瞞。
- 開銷大於家裡給的零用錢。
- 偶爾看到打其他學生或虐待動物的樣子。
- 對於自己的問題行為有很多藉口理由，過分自信。
- 急性子脾氣，易衝動，出現攻擊性行為。

在學校

- 害怕朋友們討論自己。
- 老師提問的時候，叫其他同學回答。
- 經常挑戰老師的權威。
- 對於自己的問題行為有很多藉口理由。
- 急性子脾氣，易衝動。
- 愛生氣，出現攻擊性行為。
- 從朋友那拿到貴重物品。
- 對自己擁有過分的自信心。
- 身上帶凶器，如：小刀。
- 上下學都有人幫他揹書包。
- 手或手臂經常出現繃帶包紮。

以上來源出自於〈校園霸凌處理守則〉

假如孩子似乎被校園霸凌，一定要與孩子溝通了解事情的真相，但遇到這種事，父母當下很有可能會生氣，並脫口而出：

「你為什麼像個傻瓜，呆呆地被欺負？」

「這沒什麼，爸爸媽媽也是從小被打大的。」

「你也還手啊，不要只是被人欺負，以牙還牙！」

「爸爸媽媽都知道了，你就乖乖地什麼都別做。」

「時間過去就沒事了。」

「沒朋友沒關係，把書讀好就行了。」

聽到父母說這些話，孩子心裡作何感想？聽到孩子被人欺負，做父母的一定都很傷心，可是，當事者心裡更是痛苦啊！所以父母應該幫助孩子找回心理安定，而不是指責孩子或煽動孩子還手。父母應告訴被害者的他沒有錯，自己永遠站在他這邊，給予鼓勵與支持，增加孩子的安全感。

「這段期間你辛苦了。」

「爸爸媽媽永遠會站在你這邊保護你，不會讓你受苦受累，別擔心。」

「遇到這種事還能堅持著，你真的很堅強。」

「受人欺負不可恥，請求幫助是很有勇氣的表現。」

「我們一起討論怎麼解決這件事吧！」

一般談論校園霸凌的時候，通常父母都認為自己的孩子是被害者，但實際上，孩子是加害者的機率更高。因為發生排擠狀況時，一定會有一名被害者與數位的加害者和旁觀者。被害者可以向家人訴苦，但加害者通常急於隱瞞事實，害怕若告知父母將會受罰。孩子理所當然會隱瞞自己是加害者的事實，因此父母需要平時仔細觀察上述加害學生的徵兆是否出現在孩子身上。

當青少年的加害行為變成社會問題，最令人擔憂的一點是加害者不懂得反省自己做錯的行為。根據「二〇一八年第一次校園霸凌實地調查」結果，加害者霸凌同學的理由，國小生的回答以「因為想欺負他」和「想跟他開玩笑」兩種理由居多；國中生的回答是「想要跟他開玩笑」最多，再來是「對他不滿」、「因為想欺負他」；高中生的回答則是「對他不滿」和「想跟他開玩笑」，再來是「因為想欺負他」、「沒有為什麼」、「其他朋友也這麼做」和「解壓或解氣」。由此發現，孩子長越大，加害別人的行為越是「沒有理由」。

但這並不代表他們不知道自己的行為有問題，只是他們的心理狀態早已無法道德理性地判斷，長期累積的壓力、埋怨與憤怒爆發，想藉欺負弱小他人宣洩自己的痛苦。

萬一自己的孩子是加害者，大人該扮演的角色是協助施暴的孩子能夠誠實自首犯下的錯誤，安撫孩子內心的動盪，虛心接受懲罰。父母應告知孩子會陪伴他一起承受，有助於孩子真心認錯與反省。

「你也很痛苦，對吧？原來你是以這樣的心情生活，抱歉爸爸媽媽沒能事先看出來。」「你是不是也受到委屈了？你不像是會沒有理由地做出這種事的人。」「犯錯就該接受懲罰，但爸爸媽媽會陪同你一起承擔。」父母說這些話可以撫慰孩子叛逆的心情，營造父母為我軍的氛圍，協助孩子產生力量走出困境。

可是，加害者父母時常會以錯誤的方式處理，造成情況變得更惡劣，例如：害怕孩子接受嚴懲，刻意忽視或低估孩子的錯誤，這樣做反而會讓孩子一輩子擁有錯誤的價值觀。因此，父母若發覺孩子出現加害行為，必須從旁指導他們接受事情的不對，真心道歉反省，以及虛心接受懲罰。

03

與青少年的溝通方式要不一樣

我家孩子的煩惱諮商師

父母能成為孩子的煩惱諮商師嗎？

誰是孩子的煩惱諮商師？正值青春期的少年少女們如果出現嚴重問題時，他們會想向誰求助？一般大人都認為他們應當找父母或老師討論解決問題，可在現實上孩子們做不到。根據政府機構「二〇一八年社會調查報告書」顯示：十三歲以上的青少年訴苦的對象為朋友或同學的比率佔49.1%，父母僅佔全體的28.0%。其中會與父母訴苦的28%青少年中，選擇父親的男學生佔6.3%；女學生僅佔1.9%。由此可知，青少年出現煩惱或遇到困難的時候，不太會跟父母訴苦，而會找老師訴苦的青少年更是少之又少，僅佔1.5%；而選擇獨自解決問題的青少年竟佔13.8%。那些受到他人排擠或威脅，導致心理出現問題的孩子們，即使他們懂得向父母或老師求助，卻未能取得適當的協助，最後選擇自我了斷性命的案例，層出不窮。難怪許多青少年會覺得跟大人訴說煩惱也沒用。

況且，要孩子主動尋求專業的心理輔導更不可能。現在大部分的國高中都設有輔導處，但大部分的孩子根本不知道輔導處的功用，即使知道，也普遍認為去輔導處的人都是問題嚴重的學生，自然而然地抗拒上門求助。假使孩子對輔導處的想法是「雖然入學典禮那天，有聽到講台上的老師說明輔導處的功用，但我還是不知道那是什麼地方」、「如果被其他學生知道我去輔導處，一定會被認為我是奇怪的人」，那大人跟孩子追究為什麼出現困難不去輔導處求助，就顯得毫無意義了。因此，我們必須先理解青少年不願在遭遇困難時，尋求父母、教師或心理諮商專家協助的原因。

那麼，誰應該先站出來改變孩子的想法？當然是父母、教師，或其他大人。青少年雖受同儕影響甚深，但若放任一群心智未成熟的同齡朋友，一起決定事關重大的選擇，實在危險。父母和教師不能因為管不動青少年而撒手不管，我們應制定政策與策略，以及真心告訴孩子，無論有什麼困難都儘管說。偶爾，父母主動靠近關心時，會因為孩子叛逆與冷漠的態度而受挫、傷心。甚至，有些父母會有點放棄地說自己能做的都做了，可想而知父母因孩子的態度非常受傷。但我想這絕對非父母的真心，只是因為太疲累，需要暫時休息罷了。

其實，孩子並不是真的因為討厭而拒絕大人的幫助，**他們僅希望大人能以他們可以接受的方式來幫助。他們要的不是大人的指責批判，而是希望大人給予溫暖的力量**，就像小時候剛學騎腳踏車的時候，爸爸媽媽會在後面抓著坐墊給他們安全感，直到他們能夠自己踩著踏板，向前奔馳後，才放手讓他們奔向自己的世界。若父母能以這種方式幫助孩子，一定能打開孩子的心房，接受父母的協助。

青少年父母應扮演什麼角色？

嬰兒時期，父母的角色是「保護者」；到了幼兒期，父母應是一個好的「養育者」與「教育者」；進入學齡兒童期後，隨孩子的成長發育，父母應為「鼓勵支持他們的人」。之後，父母除了鼓勵支持孩子，也需要成為孩子能夠訴苦的「諮商師」。當孩子順利通過青少年期，成為真正的大人，父母的角色則是陪伴孩子一生的「同伴」。當孩子的「保護者」與「養育者」不難，雖然餵食、穿衣、淋浴和哄睡需要消耗大量的體力，但看著孩子一天一天地長大，父母仍可感受到成就感，體驗「原來這就是做父母的感覺啊！」教育孩子也不難，雖然偶爾會因為孩子不聽話而生氣，但只要一項一項好好教他們，孩子好學的樣子還是很可愛的。

邁入學齡後，孩子的變化越來越不一樣，想要鼓勵支持孩子比預期的困難。該寫的作業變多了，外界都以孩子的成績評價父母做得好與不好，於是父母背負的擔子似乎又更重了一些。當然，大部分家長都能鼓勵支持孩子，不拿其他孩子與自家孩子比較、每天度過愉快的親子時光，以及創造孩子擁有小小成就感。**可以做到這些的父母有個共同特徵：他們懂得分辨孩子與自己的不同，善於控制自己焦躁不安的情緒與貪慾**。想要成為這樣的父母並不簡單，不過倘若父母能了解自己和孩子，絕對會越做越好。培養一個獨立與自尊心高的孩子，父母須扮演好這樣的角色。

即使父母一直以來都有做好該扮演的角色，但青少年所需的「諮商師」是非常高層次的標準。青少年期是一個非常需要細膩觀察且複雜的時期，父母得極度小心地和孩子相處，不時也要對他們豁達一點。假設父母未在各階段扮演好孩子所需的角色，沒有做好任何準備，更不可能成為青少年的諮商師。父母不懂得如何教導孩子，在遭遇各種困難時不會安慰鼓勵他們，又怎能跟孩子議論複雜的心理問題，擔任一個賢明的諮商師？即使父母充滿鬥志想要成為一位諮商師，孩子若不願接受，一切都別談了。我有時會對那些抱怨孩子什麼話都不跟他們說的父母，開玩笑地說：

「搞不好你早就已經被孩子解雇了，卻還自以為是地繼續橫衝直撞。」

孩子進入小學後，開始會對媽媽說「不知道」、「就這樣」、「不要」，以及「媽媽不用知道」，表示他不願再跟媽媽溝通，但媽媽未能及時察覺。假設現在你的孩子說過這樣的話，你該明白既有的教育方式已經對孩子不管用了。孩子的內心複雜，不好處理。厭倦父母數十年來的養育教導，不再對父母抱持任何希望，並直覺反應認為無論說什麼父母都只會依照他們所想的方式去執行，你要叫擁有這樣想法的孩子跟父母訴苦，簡直比登天還難。

有些孩子甚至連爸爸媽媽好聲好氣地叫他的名字，聽到都覺得討厭。孩子的心態變成這種狀況，父母還有辦法打開他們的心房，進行一段有意義的溝通嗎?當然可以，不過難度有點高。**跟青春期的孩子溝通時，父母要展現出自己真誠的那顆心，哄騙或婉轉表達是行不通的。**青少年最討厭偽裝，因此和他們溝通時，父母應好好調節控制自己的情緒，誠實告訴孩子為什麼會答應或拒絕他們。或許有些父母認為這樣子做，在孩子面前會顯得自己弱小卑微，但這樣談話等同談心，父母敞開心胸，對方也會一同敞開心胸。若非真心，一切免談。願天下父母能在本書提及的方法之中，找到一個與孩子之間最有效傳遞真心的方法。

想要和孩子之間來一場有意義的溝通

尋找溝通的時機

與青春期孩子溝通的時機是何時？假設父母害怕與孩子說話，首先應該要知道跟孩子說什麼話，孩子會好好回答。有些孩子會連父母說一句「吃飯」都聽得煩躁，何況是父母問：「作業寫了沒？補習時間要遲到了。」還有一些父母，明明孩子已經表現出不耐煩，卻還一直對孩子說話，無法暫停等待雙方消氣後再理性溝通。大部分父母都可以成熟地跟外人互動、溝通，可一旦以父母的身分面對孩子，碰到同樣的情形，卻無法像在外那般理性應對，孩子持續拒絕回應，父母仍然窮追不捨地要求孩子回答。

想要和孩子之間來一場有意義的溝通，先要知道能跟孩子溝通的時機，不應該追著一個放學拖著疲憊的身軀回房間的孩子，問他：「今天認真讀書了沒？

作業都提前寫完了沒？」考完試的當天，孩子回到家，因為考試的疲憊與不順心，心浮氣躁地進房鎖門，若這時還執意敲孩子的房門，對他來說一種折磨，而不是一個溝通的好時機。那麼，何時才是好時機？如果希望能夠和孩子真正溝通，請父母先列出什麼時候孩子會心情愉悅？大部分父母成功地跟孩子溝通的時機，整理如下：

- 給他一些愛吃的東西的時候
- 搞笑事情發生的時候
- 安慰他「很辛苦吧」、「很累吧」的時候
- 成績進步的時候
- 送他禮物的時候
- 給他盡情自由玩遊戲的時候
- 給他零用錢的時候
- 同意他邀請朋友來家裡玩的時候
- 父母誠實認錯的時候

●看他很累，跟他說請假不用去補習的時候

父母通曉與孩子溝通最好的時機很重要。若對孩子有所擔憂，或想叮囑拜託孩子的時候，一定要計畫找對時機進行溝通。那些明知道理所在，但總是衝動隨意找孩子說話，追著孩子回答問題，在不當的時機找孩子溝通，通常傷的反而是父母自己。在此，我想對那些父母說：現在還不是與孩子溝通的時機。父母反而應該先與自己或心理諮商師溝通討論，為什麼自己會忍不住發脾氣。若在怒氣沖沖的狀態持續找孩子溝通，到頭來，只會造成孩子更痛苦，促使問題惡化。

別覺得這樣做對孩子太冷淡，如果父母連自己的心情都無法控制，又如何強求孩子改變？說話前後不一，只會更刺激孩子產生叛逆。青少年父母須成為孩子的心理諮商師，而心理諮商師最基本保有的態度是「共鳴、接受、真心」，若諮商師因個人問題而心亂如麻，應先平撫自己的心情，再去安慰診療患者。父母需要反覆思考孩子的心情，觀察自己黯淡的表情與動作是否造成孩子誤會，自我內心發悶的情緒是否誠實地向孩子表達了？雖然父母不是專業的

心理諮商師，但至少要先確認這一刻，是不是與孩子溝通的絕好時機。

大部分的父母不管什麼事都會願意為孩子做，但真心為彼此好的話，父母勢必要放下自己焦躁不安的心情，等待好時機。父母嘗試幾次與孩子心平氣和地進行溝通之後，孩子也會開始懂得享受與父母之間的溝通了。只要父母願意跨出一小步，孩子就能往好的方向變化一大步。

「吃飯」、「吃飯吧」、「飯煮好了」的差異

跟青春期孩子說話的時候，雖然意思一樣，但隨語助詞不同，在孩子的耳裡聽起來很不一樣。若父母能懂差別在哪，便能知道該在哪個時候怎麼與青少年溝通了。

叫青少年吃飯的時候，該怎麼對他說？「吃飯」、「吃飯吧」和「飯煮好了」這三者有何差異？假設以這三種方式叫孩子出來吃飯，孩子沒什麼特別反應或反問「今天的菜是什麼？」大可不必知道這三者的差別，但若媽媽叫孩子吃飯，他的反應是待在房裡不出，並喊：「我知道了！你放著！」「我說過

了，不吃！」表示孩子拒絕與媽媽溝通，或正在等媽媽開啟他想要講的話題。媽媽面對孩子的反應，當然生氣。煮飯哪裡輕鬆了？誠心誠意為他準備了一桌飯菜，卻得到這種反應，能不生氣嗎？可是，孩子內心正處於一個即將爆炸的狀態，不管是誰，說些什麼，他都會爆發，更不用說一句吃飯。孩子有這種反應的時候，父母可以將其視為他發出的信號，向父母表達「我現在心裡很痛苦。」別太在意孩子的態度，稍微換個說法吧！以下分析「吃飯」、「吃飯吧」、「飯煮好了」傳到孩子的耳裡有何不同？

吃飯 命令句。儘管說話的語氣溫和親切，它仍然是指使他人的命令句。如果孩子已厭倦媽媽的命令指示，當他聽到媽媽說「吃飯」的時候，一定更厭煩。父母都知道孩子對指示或命令的語氣是很敏感的。

吃飯吧 一起吃飯的意思。雖然語氣帶的意圖很好，但必須先確定當下父母與孩子的關係，是否能夠和樂融融坐在一起吃飯。假如孩子討厭父母，連一同坐下吃飯都不願意，聽到「吃飯吧」，依然會讓孩子覺得厭煩，父母得到的回應很可能是「等一下再吃」、「不吃」。

飯煮好了 這句話的意思是你可以自己選擇哪時候吃。讓孩子有自主選擇的餘地，可以發現孩子刺蝟般的反應會好很多。如果你跟孩子處於冷戰不說話的狀態，只需準備好孩子愛吃的菜放在餐桌上，留下一句「飯煮好了」便離場，之後一定有機會能再次與孩子重新開啟對話。

有助於親子溝通的心理狀態

溝通最重要的是雙方的心理狀態。**媽媽與孩子，或爸爸與孩子，在開啟話題之前，雙方目前的心理狀態就已決定這段話題的成敗。**雙方的心理狀態可分為四種情形：一、孩子心亂，父母心定；二、父母心亂，孩子心定；三、雙方心亂；四、雙方心定。

哪一種情形之下與孩子溝通最好？當然是雙方心定的時候。唯有這時彼此才能笑著分享故事，傾聽對方。雙方一說一答，彼此產生共鳴，互相分享新資訊之外，還會欣然接受對方的忠告建言。最重要的是，雙方保持安定的心情才有辦法延續兩人的話題。

與青少年溝通的時候，有一個特別注意事項：不一定只有父母可以給孩

子建言。孩子長到這麼大，已有評論的能力，他們也有希望父母可以改善的地方，例如：跟上時代腳步，穿著時髦，能夠做好自我管理，生活變得更美好。若父母執意認為只有自己可以教導孩子，在溝通過程中，孩子只會越來越不舒服。因此，最好的溝通時機是雙方能於心平氣和的狀態享受彼此的對話，互相接受對方的意見。

有時候是孩子沒有問題，但父母心煩。心煩的原因可能是聽到其他家孩子很認真讀書，或有關自己孩子不好的消息，抑或是因其他家事造成父母的心情不安定。**再次強調：父母若在心情不好的時候試圖與孩子溝通，不過是想把氣出在孩子身上罷了。**

相反地，若父母心情安定，打算要和孩子溝通之際，他正心煩意亂時，切記別一股腦地找孩子說話，請等他心靜下來以後，或者可以先幫助他舒緩心情以後再與孩子溝通。不過，等待應該是最簡單的方法，給孩子一天的時間試試看，基本上都足以讓孩子平緩心情。父母若禁不起等待，魯莽地去跟孩子溝通，兩人關係只會更加惡化。

如果在雙方心亂的情況之下進行溝通，結局常常是吵起來。其實這時候最需要安慰共鳴，以及療癒休息，而且最好是父母這一方有所作為，如：主動表示冷靜後再談，或者主動播放輕音樂，彼此安靜地聆聽音樂沉澱心情。如果平常和孩子的關係保持不錯，他可能也會主動先安慰父母：「媽媽很辛苦吧？」假設和孩子很少有這種經驗，不妨告訴自己，現在就先以身作則等待、安慰孩子。之後，孩子也會學習父母的態度，在未來以同樣的方式對待父母。

雙方情緒不穩定時，最好別急於下定論，彼此靜靜地互相拍拍肩膀，一起點簡單美味的外送，或聽音樂、看電影都好。經過一段時間，等待心情回復平靜再重新溝通，看似繞了遠路，其實是最快的捷徑。

與青少年溝通的順序

倘若此時此刻適合與孩子溝通，父母可以小心地試著跟孩子開口說話。不過溝通的同時，父母須遵守一些順序。

我們每一個人都知道溝通的順序是什麼，當有事要找人議論的時候，第一要提前和對方約時間，等見了面，彼此問候這段期間過得如何，再和對方延續下一個話題。途中若產生分歧，燃起焰火般的對立，如果是一群成熟的大人，知道要維持局面，絕不會突然拍桌走人。最後，大家把自己該說的話都說了之後，互相道別各自離開。這是大人之間溝通的順序。

那與青少年溝通的順序是什麼？我問過無數名青少年父母，他們的回答竟是：「我沒想過順序這回事。」或者「不是有話直說嗎？」父母若這麼想，與青少年溝通當然會有困難。很奇怪的是，在外很擅長溝通的人，站在子女面前，那些溝通能力通通消失。可能是覺得這是我的孩子或年紀還小，所以不用在意；又可能是認為父母說什麼孩子都應該聽話；也有可能想說反正怎麼講都挽回不了彼此的關係，兩人早已疏遠至不能溝通。

若不想放棄這段親子關係，希望能和孩子心平氣和地聊一聊，父母需要知道與青少年特殊溝通法的五個階段。原本在孩子幼年兒童期管用的方法，到了青少年後變得行不通的時候，父母一定要記下這五個階段。雖然每個孩子的心理狀態都不同，我們無法明確知道孩子會在哪一個階段出現好的回饋，但這五個階段之中，父母一定能在某個階段和孩子心靈契合，產生共鳴。

第一階段：停止

第二階段：一起笑

第三階段：相信、認同、感謝

第四階段：了解孩子的積極意識

第五階段：培養認知樂趣

與青少年溝通的特殊方法一
停止

該停止的理由

拜託什麼話都別說！媽媽你不要自以為是，說這都是為了我好！

父母整頓好心情，打算與孩子重新開始的時候，他一點也不願倚靠父母，更希望父母什麼事都別做。面對一個要求父母放任不要管他的孩子，我希望父母別抗辯：「身為你的爸媽，我們怎麼可能什麼事都不做！」父母以為的愛，在孩子的心裡，覺得這是壓榨。孩子厭倦說話前後矛盾的父母，我問長期痛苦的孩子：「你希望媽媽怎麼做？」答案大多是：「我希望媽媽什麼事都別做。」換句話說，媽媽的任務僅需按時給零用錢和準備三餐。聽起來很哀傷，但站在孩子的角度思考，就能理解。以下引用某位孩子曾說過的話，大家便可懂孩子的心境。

媽媽越來越愛對我嘮叨，煩到我最近在自虐：大聲尖叫、頭撞牆或握拳擊桌。只有這樣媽媽才會停止嘮叨，我怕再這樣下去，我會試圖自殘，真不知道該怎麼辦。（高二男學生）

並沒有要故意嚇各位父母，即使孩子的問題程度不如上述案例，大部分的孩子在闡述自己的經歷時，都曾透露他們難以自我控制。因此，父母須先停下那些刺激孩子產生負面作用的行為，若無法停止教訓、嘮叨孩子，或努力試過仍做不到的話，父母尋找孩子做錯的地方之前，不妨先檢測自己的心理，到底是什麼原因導致對孩子小小的一舉一動都無法控制自己的怒火？

為什麼我會對這種小事生氣？

明明知道孩子討厭嘮叨和責罵，我為什麼控制不了自己？

明知道罵了也改變不了什麼，只會讓自己壓力更大，但就是停止不了，為什麼？

一位被孩子氣到快爆炸的媽媽，患有嚴重的壓力性胃炎。腸胃由人類大腦情感調節的自律神經支配，被稱作人的第二顆大腦，可見腸胃功能易受大腦影響，例如：對孩子發完脾氣後沒多久，開始胸口痛或胃脹消化不良。那為何不停止動作？媽媽說：看不慣孩子的一舉一動，但這並不是真正的理由。與媽媽聊了幾次後，她總說看到孩子跟她年幼不長進時一模一樣，實在忍不住，由此可知，媽媽之所以生氣的原因在於她自己，並非孩子。孩子跟以前自己的樣子太相似，深怕孩子長大後會像她一樣後悔，才不由自主地想責罵、嘮叨孩子。媽媽領悟之後再也不亂生氣，胃病自然而然痊癒了。

另一個男學生自從遭受到校園霸凌後，便不願去上學了。曾是學業表現好的孩子，父母理所當然對他的期望很高，可是孩子不願去上學的意志堅決，於是答應他的請求：「你真的這麼決定的話，不去上學也沒關係。」但過不了幾天，孩子發牢騷：

說好不去上學也沒關係，但每次稍作休息的時候，總對我說：又休息？剛不才休息過，為什麼又再玩？其他孩子都在補習班和學校用功讀書，我怎樣怎樣。前段日子因為我實在太累，想要一邊休息一邊讀書。既然媽媽這樣說，我便回媽媽說我要去上學，但媽媽仍很有意見，一下說這一下說那，到底是想要我怎麼做？

顯而易見，父母非常矛盾，但言行不一是不對的行為，表面上堅定接受孩子的請求，內心卻做不到，只好說一些不好聽的話抒解自己的心情。所以，假設不管父母做什麼，孩子的情況越來越糟，那父母需做的第一步改善是「停止做任何事」。

停下來，就能看見轉機。第一階段的停止是指停下父母的貪慾、不安，以及折磨孩子，這三者形成逆向循環的三角關係，如果想要改正回順向循環，首先第一件事就是停止繼續做下去。有捨才有得，停止是重要的一步。每次建議父母先停止既有的教育方式，大部分的父母都只想到停止大罵孩子，但真正的停止不僅止於此，而是需要停止所有影響孩子情感惡化的言行。

溫柔親切說話跟溝通良好是兩回事。雖然控制了粗暴的情感，但說話的內容仍然有可能讓孩子感到混淆或生氣。某位女高中生分享了一段她與媽媽在假日時的對話，最後說：「你覺得這樣我還會想跟媽媽聊嗎？」

「你要洗碗，還是拿吸塵器打掃地板？」

「我要打掃地板。」

「你每次打掃，邊邊角角都沒弄，還是去洗碗吧！沖洗的時候，記得沖乾淨。」

孩子臉垮，眼睛瞪著媽媽，但媽媽沒看到她的表情。在這情形之下，媽媽既未生氣，也未責罵孩子，但孩子非常惱火，心想：「既然都要照你的意思去做，幹嘛還問我？」因此，應停下所有讓孩子生氣、鬱悶、孤單寂寞和傷心的任何事。

站在父母的立場，這些話不能說，那些事不可做，哪有這麼簡單？建議可以試著一個月內除了孩子的食衣住基本生活外，其餘「不幫、不讓」孩子做；

煮好飯之後，淡淡地說：「飯煮好放桌上了。冰箱裡有零食可以吃。」或者，簡化父母的角色，其餘的時間用來照顧自己。一剛開始，孩子會覺得是「天上掉下來的禮物」，整天看電視、睡覺或打遊戲，這時候別對他說什麼，看看最後會發生什麼事吧！

什麼都不做，卻出現驚人的變化

高中二年級的成勳經常發脾氣，不愛讀書，幸好個性善良，未出現什麼問題行為。但他的父母非常氣他不讀書，尤其是媽媽，與其他家孩子相較之下，自己的兒子太沒出息，她難以忍受。因此，媽媽與成勳之間的關係差到不能再差了。

媽媽好不容易說服孩子，帶他到諮商室接受心理測驗，成勳是一個優點非常多的孩子。個性原本開朗活潑，對他人包容親切，社交能力也非常出色，幽默感很好，才智十足，很會說話，周遭朋友非常多，老師也很喜歡他。唯獨不愛讀書，上學是為了跟朋友玩。不過，成勳看似一個無欲無求的孩子，其實內在競爭慾望強烈，遇到自己喜歡的事，可是動力十足。

成勳適合實際操作學習更勝於閱讀理論書籍，他不擅長論理性分析，傾向依人情的價值而做決定。爆發力十足，能夠隨機應變，處理事情的速度也相當快。對自己有興趣的事會很努力去做，討厭一成不變的日常瑣事，覺得很煩。不能忍受被關在一個框架，發揮不了自己的能力。

總而言之，成勳擁有非常卓越的能力，唯獨不適於韓國學校的學習模式。成勳不願讓媽媽失望，強制自己要做些什麼，但這些壓迫與負擔漸漸使他疲憊，不願再接受父母的任何強求。面對這樣的孩子，心理諮商不一定是最有效的方法，因為心理諮商須待在諮商室內，互相溝通解開問題。於是，我制定可以幫助他了解自己的諮商計畫，找到適合解救自己的方法。

我向成勳父母下達的任務很簡單。按照孩子的個性制定一個百日計畫，且告誡他們不管多難都一定要堅持至少一百日：

- 強制孩子去的地方暫限於學校。
- 停止所有孩子不願意做的事情。

● 若對自己或他人無害，都讓孩子去做。
● 一天稱讚孩子三次。

成動完成綜合未來職業性向測驗後，我向父母分析他的心理特性、性向和興趣，提高父母對孩子的了解。事經兩個月半，成勳媽媽笑著說：

「停下所有孩子不願意做的事情後，沒想到效果如此驚人。」

除了開心上學之外，他和媽媽的關係變好了，回到幼稚園時期和媽媽一起歡笑玩鬧的模樣。成勳是一個愛運動的孩子，父母幫他打探運動方面的出路，依照孩子的意願，進入專業運動領域，同時，他也主動開始自發學習各個科目。

為什麼孩子會有這般變化？不對孩子嘮叨不代表不關心孩子，它代表媽媽可以和孩子保持平常心交談，不侵犯孩子安定的心理，尊重與接受孩子的意見。媽媽曾對他說：

「你想怎麼讀數學？」

「想休息了啊？那好好休息，等你想做的時候再開始做吧！」

「啊，原來你是這麼想的。好，我知道了。」

「萬一媽媽開始嘮叨，記得告訴媽媽。因為媽媽可能不自覺嘮叨起來。」

當然，這不容易做到。媽媽笑著說：「大概是全身舍利[5]了吧！」不過，當外界的壓迫與強求消失後，孩子自然能學會自律與主導。因為人在沒有壓迫感的時候，自然而然會想去做些什麼，這是人類與生俱來的動機。所以，父母請別懷疑孩子，給予適當的遊蕩自由，他們自然會去找尋自己喜歡與想要的是什麼，看見他們的變化，而父母能做的就是支持與鼓勵他們。父母唯一要堅守的原則是孩子想做的事情，必須對自己與他人是有益的。

媽媽看到成勳的變化，感覺找回自己的孩子了。她說看見孩子有一點點的變化時，會不由自主地多了一點貪念，希望孩子能更努力一點。可是她知道，這樣會反其道而行。由於媽媽的改變，成勳慢慢重新靠近媽媽，回到小時候的模樣，會跟媽媽撒嬌，還會吵著說他要洗碗。

孩子的人生主角是他自己，父母應與孩子保持安全距離，從旁協助他擁有想要的生活。

不是每個孩子都像成勳，在父母學會放下他的時候就能有這麼大的變化，不過，只要願意跨出這一步，就有機會成功改變孩子。話說回來，媽媽為什麼可以順利控制自我情感，停下腳步？諮商時，我曾向媽媽說過很多次嘮叨和教訓會對孩子產生什麼樣的影響，所以每次她想嘮叨的時候，便想起我說的話，收起嘮叨。天下父母都希望給孩子最好的，可是卻不斷對孩子的心理精神施壓，真說不過去。若身為父母的你覺得自己無法忍住不對孩子嘮叨，應先重新自我反省。

連環炮嘮叨造成的負面影響

幼兒期，父母不能放下孩子一人不管，二十四小時隨時監控孩子的生活。等到孩子稍微大一點，進入國小之後，父母換到另一個不同次元的監控，忙著指使孩子寫作業，根本沒有時間想到自己其實可以停下來。

5 全身舍利又可稱之為肉身舍利，是指修行到一定境界的高僧在去世後，身體沒有進行埋葬或火化，也沒有進行特殊處理，但身體會出現與世不朽，永存世間的現象。在佛教中，此現象被認為是精神力量的作用。

站在孩子的立場，他會怎麼想？應該更鬱悶吧！二十四小時的行為舉止全都在媽媽的監控與指使之下完成，有誰會不想逃脫？況且，孩子心裡應該是在想：這樣的生活到底要過多久？假設孩子看起來很疲倦，一點動力都沒有，父母需要先去了解原因。一個好父母，至少在孩子辛苦的時候，要懂得讓他們休息補充體力。孩子討厭父母的指使與嘮叨，他們會整天喊苦，絕非憑空捏造，也絕非因為他們的意志薄弱。

二〇一五年美國匹茲堡大學醫學院、加利福尼亞大學柏克萊分校，以及哈佛大學共同組成的研究團隊，針對三十二名九至十七歲（平均年齡十四歲）青少年進行一項實驗：他們給每位受驗者聆聽自己父母嘮叨的聲音三十秒，測試聽者大腦的活躍度。結果顯示：父母的嘮叨會阻礙孩子的理性思考。當他們聽到爸媽的嘮叨聲時，負責掌控負面情感的大腦活躍度增加，調節情感的理性分析大腦活躍度降低。換句話說，孩子聽到嘮叨之後，關閉理解父母的大腦，開啟負面情感的大腦，所以孩子很容易意氣用事。研究團隊表示：「此結果說明青少年與父母發生衝突的原因，若父母能明白其道理，改變與孩子的相處模式，將有助於孩子的行為發展。」

根據腦科學理論，孩子從青少年開始發展獨立心理，準備成為一位大人，青少年期之所以重要就在於大腦的變化。持續使用的大腦功能會留存下來，發展越來越活躍；反之，不常使用的部分將被分類為多餘的，逐漸消失。因此，在這時期，孩子努力讀書，與朋友形成健康的同儕關係，接觸各種音樂美術的話，其相關領域的大腦可以鞏固發展；相反，經常發脾氣和做出脫軌的行為，大腦也會跟著往這個方向發展。因此，青少年的教育與經驗對他們的往後人生影響深遠，現在，你正在對孩子的大腦活動做什麼事呢？

明白嘮叨對青少年有何影響之後，父母應該更容易停止現在的相處模式了吧！剛開始一定會非常焦躁不安，不過其實大部分的孩子都有機會跟成動一樣，只要父母做出第一步停止動作，他就能產生不可思議的變化。拋棄錯誤的養育模式等同於停止傷害孩子，孩子不會再擔心被父母罵，願意打開心房接近父母，一同度過家庭和樂融融的時光，修復親子之間的親密感，填補心理能量。

注意力調節與專注力提升的心理方法之一：「停止與思考」（Stop & Thinking）。行動前，先停下來思考。很想衝動去找孩子，對他嘮叨的時候，請先停下大腦裡的負面思考，預想和練習要跟孩子說什麼，再去找他。藉由這個過程，讓父母先去思考現在的問題是什麼，以及事前制定各種解決方法，還有預測每種解決方法的後果，再選擇預想後果最好的那一個。如果父母能夠做到「停止與思考」，那絕對可以和孩子溝通順暢。所以，父母請先做出第一階段的停止，觀察孩子的反應。

經過一兩次的停止成功後，再往第二階段「一起笑」。如果父母連第一階段都做不到，將很難繼續往第二階段前進。一句嘮叨會抵銷千百次的微笑，為什麼父母與青少年溝通要強調微笑？看似很怪異，但有其中必要的道理。讓我們繼續看下去吧！

與青少年溝通的特殊方法二

一起笑

青少年的笑容

請問最近一個月和孩子一起大聲歡笑，是哪個時候？

我對每一位諮商的父母都會提出這個問題。一般學齡前兒童的父母，可以很快回答出今天和孩子一起歡笑的情景；換成小學生家長，也能講出最近一次跟孩子歡笑的時候，像是在公園遊樂場射紙飛機、在家一起玩桌遊，或吃飯聊天的時候。但孩子升上國中之後，父母的回答就不一樣了：

「這個嘛，好像沒有耶！我不記得最近有沒有一起歡笑過，幾乎沒什麼時間跟孩子碰到面。」

青春期孩子的心理變化是因笑容消失而起，這麼說沒有不對。所以，一個愛笑的孩子突然說他煩躁易怒，表示他的心理產生變化，但是父母卻未能聽懂他的意思。假設孩子只求父母「不要做會讓他生氣的事」，想看到孩子重新找回笑容，或許要花一大筆費用。來接受心理諮商的孩子，他們最大的共通點是不常笑。而有些父母仍然會與青春期孩子保有一起歡笑的時光，像是期末考試成績不錯，送孩子禮物時，彼此都很開心。

大家都知道「有條件的愛」是不好的作法，但是父母想要與青少年維持良好關係，通常會採取條件交換，例如：書讀得好就給予獎賞。雖然，得到獎賞時，獲得暫時的愉快，可是當孩子成績退步，他們也要接受好幾日的心理懲罰。這些橋段反覆重演，孩子臉上的笑容就會漸漸消失。不過，唯一優點是至少在孩子考得好的時候，親子之間仍然擁有歡笑的時光。唯獨一點，這樣的笑容與孩子幼年時的笑容不同，仔細觀察，與其說「一起」和青少年孩子歡笑，不如說你們只是受到同一個刺激而歡笑罷了。同時發笑跟透過互相交流而笑的樣子是不同的，一起看電視綜藝節目，同時大笑，這不叫做「一起」笑；彼此笑著眼神交流或身體接觸，這才是「一起」笑。

根據研究：兒童一天平均笑四百～五百次；大人一天平均笑十～十五次。正常的孩子一天的確會笑這麼多次，表示心理正健康地成長。所以，笑容是孩子心理狀態嚴重程度的測量標準。而近期的孩子都不愛笑，即使外表看似笑得很開心，但細看之下，還是有不對勁的地方。有些孩子以笑掩蓋內心的不安；有些則在難堪的時候以笑帶之；有些是因做壞事而笑，道德觀出問題。不過撇開特殊案例，外表顯露不安、憂鬱、無力、依戀等的孩子，他們的共通點之一是不愛笑。

孩子臉上笑容消失的原因與心理問題有關，而這些問題大部分從親子關係之中浮現。孩子小的時候，問題會出現在和媽媽的依戀上；孩子大一點後，則是會因與朋友之間的關係產生心理問題。人際關係出問題的時候，最先出現的第一症狀是臉上失去笑容。因此，當孩子不愛笑的同時，表示他的心理狀態現在處於一個非常艱苦的狀況。

同理可證，臉上浮現笑容是恢復關係的跡象。孩子一剛開始接受心理諮商時，會持續一陣子緊張不安，眼神飄移不定。不過，進行的過程中，會慢慢露出笑容，外在氛圍變得愉悅，有時碰到一點點小確幸便能開懷大笑。其實，青少年心理諮商的過程裡，最能讓我感到放心的時刻，是諮商孩子開懷大笑的時刻，根據孩子燦爛的笑容，我可以確認這段心理諮商進行得好不好。

笑容帶來的成效

「好久沒有放聲大笑了。大笑之後，心情好多了。不管怎樣，事情總會過去，再用其他的辦法試試看囉。就算真的不行，也沒什麼損失，真的不行就休學吧！我想開了。」一名問題層出不窮、內心痛苦的青少年曾說出這樣的話，充分解開內心的痛苦，明白自己想要的是什麼之後，他就越來越常露出笑容了。他接著說：「很奇怪，以前只要講一些認真的話題就會滿腦子擔憂，現在可以笑著說那些話了，這是什麼神奇的魔法嗎？」

南加州大學的神經科學家安東尼歐．達馬吉歐（Antonio Damasio）說：「人在處於愉悅狀態的時候，會有活力幸福的感覺。」因此，「創意思考、自覺能力與情報處理能力提升，身體狀況也會變好。」只不過是陪孩子一起笑，他便可擁有能力客觀分析自我狀況，並於無人幫忙之下制定改善自我的方案。

美國印第安納大學鮑爾紀念醫院（IU Health Ball Memorial Hospital）研究結果：每天大笑十五秒，壽命會更長。微笑可以提升頭腦的機敏，增加記憶力和病毒抵抗力，有效預防流感。除此之外，微笑也能促進大腦額葉的活絡。微笑治療創始人兼臨床心理學家威爾遜（Steven Wilson）說，藉由微笑，可以獲得新的能量，減少壓力，大幅降低緊張、恐懼、敵意、憤怒與激動。

無法與父母建立安全依附的孩子失去他最重要的「笑容」，並擴至與同儕關係問題，更阻礙自信心或自尊心的形成。尤其是國高中生教室裡，朋友之間發生大大小小的爭吵，還有因而衍生的校園暴力，都是因為教室內的大家失去了歡笑。

父母開朗的態度有助青少年微笑

幫助青少年產生笑容有兩項重要因素：父母的「開朗態度」和「認知樂趣」。心理特別敏感的孩子更需要父母開心明朗的態度。

《照顧孩子的有效策略》作者休斯（Daniel A. Hughes）表示，治療師應具備的四大態度為愉悅、接受、好奇與共鳴，治療師應以這四個元素進行諮商治療，賦予安全感，告訴孩子可以依照自我想法與情感表現出來。雖然書上說的是治療師的態度，但這同樣是父母應有的態度。《約翰・鮑比的依附理論》（John Bowlby and Attachment Theory）作者霍姆斯（Jeremy Holmes）表示：「一位好的治療師對患者做的事情，與一對好的父母對子女做的事情是相同的。」因此，一位好的治療師是把原先從「父母角色」中研發出來的治療方法，再重新套用回「父母角色」身上，幫助父母改善和孩子之間的關係。

自從接觸各類型青少年後，我發現愉悅的態度非常重要。心理諮商師除了表情要真摯外，也需要開朗的微笑幫助孩子安定心情，以笑取得孩子的信任，讓孩子願意敞開心胸談論自己的故事。大人以愉悅的心情靠近孩子，有助於平穩他們的心情，產生期待感，豁然開朗。如果這段人際關係的發展是愉悅的，即使過程中兩人產生衝突，也只是一時；當有一方犯錯或失誤的時候，也不會傷及彼此的關係。不僅如此，孩子於成長過程中還能學習人生應有的積極態度。

愉悅的氣氛來自於笑聲。那麼，父母如何誘引孩子笑呢？擅長誘導孩子笑的父母有一特徵，就是他們都能利用不起眼的事情逗孩子笑，例如：學一些大家都知道的流行語、引用歌詞、說話有押韻，或搞笑模仿藝人的肢體動作。穿上女兒的衣服說：「你看，媽媽這樣穿好好看？」或者，戴上兒子的帽子說：「很適合爸爸吧？」孩子會笑著說：「天啊，太奇怪了。一點都不合適！」這就是讓大家都愉悅的魔力。

馬里蘭大學的神經科學家羅伯特・普羅文（Robert R. Provine）於其著作《笑容的科學探究》（Laughter : A Scientific Investigation）一書中表示：笑容不僅是因幽默產生的生理反應，也是促使人際關係更深厚的社會信號。他以心理學系的學生為對象進行一項實驗，觀察學生獨自或多人一起看綜藝節目或搞笑電影的發笑次數差別。實驗結果是大家一起看電影發笑的次數大於獨自看電影整整三十倍。同一場搞笑的戲，獨自觀賞的時候頂多嘴角上揚，若不自覺大笑時發現到周邊沒有其他人，臉上的笑容一下子消失不見。

另外，他在學校廣場及周圍街道和一千兩百名的人聊天說話，分析他與這些人談話的內容，總結出幾項很有趣的事實：人們最常在一般問候，如「最近過得好嗎」、「很高興見到你」的時候露出笑容。他在分析哪些談話內容笑得最大聲的時候，發現那些內容都是非常稀鬆平常的話題。

父母與孩子心平氣和聊天的時候，不需要什麼特別的段子，彼此同樣可以開懷大笑。看見剛從學校回家的孩子，問他今天在學校做了什麼，孩子的表情能露出笑容嗎？但也不用因為這樣，一直煩惱著要講些什麼可以逗孩子笑？有時候最能引發孩子笑聲的是再普通不過的家常話題。

譬如用彷彿失散多年再重逢的誇張表情，迎接從學校回到家的孩子，或者看著吃飯的孩子，稱讚他吃得很有福相等等。用心地增進與孩子的親密度，彼此將有更多的歡笑，這些笑容帶來的魔力是金錢買不到的。請送給珍貴的孩子們一個笑容禮物吧！從現在開始跟孩子們一起大聲歡笑吧！雖然孩子大了，會覺得有那麼一點肉麻，但也代表孩子正在健康地成長，是多麼令人開心的事啊！

萬一上述介紹誘引孩子浮現笑容的方法，父母仍覺得實行起來有點尷尬，那可以改拿出孩子小時候的相簿，與他一同觀賞，看相簿的效果會比想像中的好喔。一起看彼此稚嫩的模樣，孩子心裡會不自覺卸下防備。青少年最想要的是與爸爸媽媽一起笑著度過幸福時光，和爸爸媽媽度過幸福時光的孩子到了學校，也會很享受在學校的時光。爸爸媽媽和孩子分享正面的想法，孩子在學校也更能發揮好的創意。充滿父母愛的孩子懂得跟朋友一起分享愛，而且父母一句溫馨的話可以讓孩子度過美好的一天。如果希望孩子能有一段美好的青少年期，學著說大叔冷笑話也是不錯，即使打打鬧鬧，弄得大家哭笑不得，但只要能讓彼此的心靈相通，又有什麼關係呢？

與青少年溝通的特殊方法三

相信、認同、感謝

不守信用的國二兒子

國二生泰民和媽媽約好在睡覺之前要寫期末考讀書計畫。他每日就寢時間是晚上十一點半，但過了十一點，泰民不僅沒有寫讀書計畫，還跟朋友講了一小時的電話。十一點二十五分仍繼續講電話，媽媽怒火直升頭頂，大力敲門進房，孩子看見媽媽嚇得跳起來：「那個我媽生氣了，先掛了。媽，我現在寫。」

媽媽默默不語，安靜關門走出房外。內心其實很想嘮叨兒子，但她知道說了也沒用，決定忍耐放過他一次。二十分鐘後，孩子雖然寫好呈交，但媽媽一看就知道兒子在敷衍，如果現在打開來看，一定會爆炸，便決定明早起床再看。

隔天早晨，媽媽以低沉的聲音叫醒兒子，他一聽到便立刻起床。準備早餐的時候，媽媽依然咬牙切齒不說話，表情生硬，一看就知道她正在生氣。孩子知道自己有錯，趕緊收拾準備出門上學。媽媽看到孩子的反應，知道他有自知之明，心情稍微舒緩一點，決定等孩子放學回家再好好跟他聊聊。要怎麼跟孩子說，他才會有自覺，好好制定計畫呢？於是，媽媽在孩子放學回家後，準備一些零食並開口對孩子說：

「計畫呢？」

「昨天好像寫太草率了，今天吃完零食後再重新好好寫。媽媽，昨天抱歉。」

「嗯，謝謝你。媽媽昨天等你等得很辛苦，很生氣，但為了忍住不對你發脾氣，媽媽真的很累。」

「對不起，我不知道時間過得這麼快。」

「你應該也很不想寫，辛苦你了。」

「不過，媽媽，寫計畫的時候，真的可以只寫我做得到的部分嗎？」

「為什麼這麼問？媽媽說過，計畫要寫你能做得到的啊！」

「不是，我怕老實寫，媽媽又會生氣。」

「不會啦！現在國二，對你來說，制定一個符合自己程度的計畫是最重要的。誠實寫，媽媽不會生氣的。」

「真的？那我重寫，去補習班之前再給您。」

那天他和過去不同，真的好好寫了讀書計畫。媽媽很感謝孩子願意在計畫中約定三天玩一次電腦，制定功課量和讀書目標也是孩子能力所及的，雖然不如媽媽的期望，但孩子能做到這個程度，獲得一些成就感，一定可以更加積極向上。媽媽收到計畫後，不先評論內容好與壞，反先問孩子的意見：

「你覺得計畫寫得如何？」

「我覺得可以，媽媽覺得呢？」

「媽媽也覺得可以。要是你執行之後覺得太累，可以重新調整。計畫是為了實踐而制定，實施一個禮拜再重新評估吧！」

「好，不過我真的是以我能做得到的程度撰寫。」

「知道，辛苦你了。」

耗費兩天時間，泰民終於完成讀書計畫，還有一個重點：他在制定完的一周內，認真實行自己寫的計畫。一個禮拜的成功當然不夠滿足媽媽的期望，但從那之後，遇到孩子未遵照計畫的時候，她不罵也不打人，反問他覺得哪些目標的負擔太大，以及勸導孩子修正成自己能力所及的範圍。孩子成功依修正計畫執行後，媽媽會為他的努力給予認同，並向遵守計畫的孩子表達感謝。此後，泰民開始懂得自主擬定計畫，累積執行成功的經驗。

升上國三後，泰民變得更泰然自若，懂得隨著狀況增刪計畫，知道自己該做什麼事並做好它。兩人產生了神奇的變化：兒子和媽媽一起歡笑的次數變多，懂得互相開開玩笑。媽媽也很喜歡聽話的兒子，一起上街時經常有說有笑，感覺很幸福，媽媽還覺得別人說跟青少年講一兩句話就很累，是一種偏見。

其他父母聽到泰民的故事，第一個評價是：「那個孩子真善良。」難道孩子有這樣的變化，是因為他善良嗎？只有這個理由嗎？青少年父母評價孩子的時候，有一個特別現象：總是覺得外國的月亮比較圓。別家孩子一個禮拜乖乖遵守計畫，就說他很厲害；若是自家孩子，則說「這是應該的」。明明有機會改善孩子與爸媽的關係，爸媽卻不懂得把握。為什麼父母不能對自己的孩子溫暖與公正一點？

遵守計畫一個禮拜不是那麼容易辦到的，支持鼓勵孩子小小的成功，往後才有大大發展。如果你覺得那是泰民很乖、很善良，可以馬上改正自己的問題行為，你需要好好聽他的媽媽怎麼說：

「平時我的個性很急躁火爆，孩子跟朋友講電話的時候，我等不了五分鐘就敲門進房。但孩子成為國中生以後，我總覺得需要改變對待孩子的態度，因此接受父母教育課程。若不能改掉不信任孩子的心態，我沒辦法培養他現在自主思考與制定計畫的能力。

「那天，我真的忍很久，大概有一小時吧！還有，他交學習計畫的時候，其實我很生氣，還好發揮了我超強的意志力抑制住情緒。沒想到相信與認可孩子，他能這麼快產生變化。」

說不定，泰民跟朋友講這麼久的電話，是因為他覺得媽媽一定會敲門進來罵，等到那時再掛電話就好了。既然媽媽還沒敲門進來，當然選擇繼續跟朋友講電話。到目前為止，這是媽媽與兒子之間的習慣。媽媽表示：要忍住不對兒子嘮叨，真不簡單。對青少年父母而言，最簡單的應該是發脾氣到消氣為止吧！忍住脾氣，做一個好父母，必然要耗費一定的努力。媽媽吸取學習計畫的經驗，發現「原來青少年期的孩子也會改變的啊」！假設媽媽未能學會和青少年溝通的方法，這次事件大概又會再度造成雙方受傷了吧。

和孩子成功溝通的原因？

泰民親手制定、修正與實施一周的經驗是一個很大的轉捩點。從那時起，他的行為模式上了軌道，並隨著時間成長。媽媽唯一做的事情是相信與等待兒子遵守約定。雖然兒子與媽媽的第一個約定失敗，可是媽媽不將失敗歸咎於兒子，不對他生氣。兒子看見媽媽以往不同的模樣，對她深感抱歉，於是真心決定制定計畫。

調節彼此的心情，媽媽和孩子都很辛苦，但充分談論各自的意見後，孩子首次制定一個計畫且在自己能力所及範圍，吸取到成功的經驗，感覺特別好、對自己很滿意，從而產生想持續做好的心情。而媽媽的稱讚，填補孩子追求認同的慾望；感謝的話提升他的自尊心，雙方互相產生增效作用，成為無話不談的母子。

「我家孩子什麼都做不好，我該拿什麼相信、認同他？」

「他既不聽話，又不好好讀書，有什麼好謝的？」

如果你有這樣的想法，請試著反思：每個人都曾因為不被別人認同而傷心埋怨過吧？雖然自己的能力尚不足，可是依然希望有人能看見自己努力想做好的樣子，並相信自己能夠達成。假設運氣好，你有一個不放棄，不斷鼓勵自己的人在你身邊，你會感恩他一輩子。每次想到這個人的時候，你可以更有動力繼續過生活。誰可以成為孩子的這種人？難道他只能期望自己運氣好，有幸遇到這樣的人嗎？難道，父母不能成為這種人，待在孩子的身邊嗎？

戰勝試煉與苦難的心理力量「心理韌性[6]」（resilience），每次談論到它，一定都會提及這項研究：一九五〇年代美國夏威夷群島考艾島，是一個失業遊民、酒精中毒者和麻藥上癮者聚集的重地，島上的社會適應不良者太多，導致犯罪率高。學術研究者以島上八百三十三名孩子為對象，進行大規模長期追蹤調查，研究從孩子變成大人的整個過程中，哪些因素導致他們對社會適應不良，讓生活變得不幸。

研究結果並沒有超出一般預想，不健全家庭出生的孩子越不容易適應學校與社會，父母個性或精神健康出現異常的時候，對孩子只有壞的影響。分析研究的心理學家維爾納（Emmy Werner）另外追蹤全體調查對象中，環境最惡劣的兩百零一名孩子，他們都是最低階的貧民，父母不是分居、離婚，就是一方是酒精中毒者或精神疾病患者。這些孩子長到十八歲成年以後，相較其他一般孩子，有較高機率變成社會適應不良者。

但維爾納教授發現一位叫麥可的孩子，出生在最惡劣的環境，但十八歲的他卻開朗活潑，非常有魅力。學業成績從國小就隸屬於前段班，閱讀能力水準高於其他同齡朋友。

他以前十名的成績考上美國大學，曾擔任學校社團社長與學生會會長，為美國本土有名大學的獎學金得主。教授原以為麥可是非常特殊的例外，沒想到她又發現其他相似的案例，出生於極貧窮家庭的兩百零一名孩子之中，有七十二名順利成長。教授直覺認為這些孩子能夠戰勝困境，順利長大必有其共通點。經研究發現，那個促使他們不屈服險惡環境，發揮異於常人的力量來自於「心理韌性」。

6 在精神上或情感上應對危機或迅速返回危機前狀態的能力。

為什麼他們擁有「心理韌性」？因為這七十二名孩子的身邊，至少會有一位能夠無條件給予理解的大人，這位可能是爸爸、媽媽、奶奶、叔叔舅舅、姑姑阿姨或任何孩子能夠倚靠的人，他的存在促使孩子順利長大成人。試想，誰能成為孩子身邊的這種人？

心理韌性好的孩子是什麼樣子？法國發育心理學兼臨床心理學者波婁（Didier Pleux）博士於《孩子的心理韌性》一書描繪這種孩子的情感特徵如下：

心理韌性好的孩子情感特徵

- 不會想與大人做出同樣的行為。
- 誠實表達自我情感。
- 愛自己。
- 在日常瑣碎生活發現快樂。
- 活用自己的優點。
- 獨立性強。

想一下你家孩子的模樣，如果他有以上特徵的話，那是非常值得感恩的事，但萬一孩子仍有不足之處，父母該想想如何幫助他們培養這些能力。

孩子期望父母的言行

我問了約一百名的高中生：父母怎麼對你，會讓你心情舒坦，受到鼓舞？有很多孩子回答給零用錢或吃美食，也有孩子回答希望父母對他別抱有關心，或者媽媽做她自己想做的事就好。撇除生活支援，我再問他們：希望爸爸媽媽以什麼樣的表情與肢體動作溝通，以及希望爸爸媽媽說什麼話鼓舞自己？我想藉由孩子的回答，更具體知道他們希望從父母身上獲得什麼樣的心理需求。其中，最多孩子提及的答案整理如下：

孩子期望父母的行為

● 開心地打招呼。

●舉手擊掌。
●我說話的時候，鼓掌驚嘆「哇！」
●豎起大拇指，比V或OK的手勢。
●無論我說什麼都欣然接受，擺出吃驚的表情。
●拍拍背部和肩膀。
●驚喜（給零用錢、巧克力、運動鞋等）。

孩子期望父母說的話（包含文字訊息）

●哇！長大了唷！
●真棒，真可靠。
●有機會的。
●作為你的爸爸（媽媽），真驕傲。值得我們信任。
●你可以的。
●認真的樣子真美。

- 看到你就很開心。
- 做得好。
- 天啊，怎麼想出這個辦法的！
- 不愧是你，真引以為傲。
- 應該很辛苦吧，邊做要找時間邊休息啊。
- 太了不起了！
- 謝謝。

試著相信孩子、認同孩子，以及感謝孩子，其實會發現並不難。熟悉後，會更簡單。利用這些方法提升孩子的心理韌性與自尊心，讓孩子的人生過得更堅韌扎實吧！每天試著說一句孩子想聽的話，或做一件孩子期望父母做的事，如何？雖然孩子在你面前會手腳蜷曲，全身覺得肉麻，可他轉身後，又會笑咪咪的。

與青少年溝通的特殊方法四

了解孩子的積極意識

相信真心，不由自主產生共鳴

想和青少年好好溝通，首先要先停下以前教育孩子的模式，和孩子一起笑，接下來是相信、認同與感謝孩子。這些建議之中，父母認為最難實行的是相信孩子。

媽媽跟孩子說別再看電視去寫作業，便出門到超市買菜，回來時能相信幾成孩子已經寫完作業？下周馬上就要考試，父母又有幾成相信孩子會按照計畫自主念書？媽媽把皮夾放在餐桌上，相信孩子連一張千元鈔都不會偷拿，又有幾成？如果父母能相信孩子，接下來的事情都能順利解決了。即使孩子偷拿父母的錢，父母若能相信孩子這麼做是有理由的，追問後也就能接受它；如果孩子沒能寫好作業，相信是「作業太難或孩子討厭讀書」，父母反而會擔心孩子是否太辛苦；相信孩子自己也想做好事情，不管處於哪種情形，自然會認同與支持孩子的判斷及行為。**父母是否相信孩子的真心，取決於父母的言行。**

泰民媽媽可以忍住自己的情緒等待孩子，是因為她看到孩子的真心，泰民曾於心理諮商時說過：「我喜歡媽媽，只是討厭她嘮叨。」「我可以理解媽媽，因為我做得不好，所以她當然會訓我。」「真希望我可以重生，成為一個天生用功努力的孩子，這樣媽媽就不會因我而傷心了。」

媽媽明白孩子的傷心，並了解孩子知道自己的用心良苦後，自然能對孩子少一點責罵。另外，媽媽能夠自我控制情緒的最大理由，是她看見兒子制定的計畫裡蘊藏真心與積極。雖然媽媽期望兒子除了學校和補習班的作業之外可以增加自主學習，但光補習班的作業量就多到佔滿孩子的心力。不過泰民還是在計畫上寫「自主學習三十分鐘」，表露自己想要且能夠做得到的決心，計畫也成功實踐一個禮拜。曾以為孩子只會拿作業太多當作藉口，結果並不然，他其實也非常想要做好。雖然孩子嘴巴嘟囔說很辛苦，但父母若能發覺孩子話裡的真心，距離孩子改變就不遠了。媽媽曾說：「我以為他只愛玩，沒有想法，沒想到他內心是這麼想的……」

接著來聽看看國二生哲民的故事吧！哲民的媽媽發現皮夾裡的一張五萬韓圜的大鈔不見了。問了丈夫、哲民姊姊和哲民，大家都說沒有拿。不過，爸爸和姊姊談到哲民平時的態度，便開始責罵他。可是，媽媽認為在毫無憑據之下懷疑人是不對的，阻止爸爸和姊姊，並向哲民道歉。雖然媽媽也有點懷疑哲民，但既然他說不是他，那也無法繼續追問下去。當然媽媽也可以繼續尋找真相，但她不想這麼做。最後五萬韓圜的蹤跡不得而知。幾個月後，來到一年的尾聲。哲民似乎想要好好整頓自己一番，就請媽媽到他的房間，難以啟齒地哭說：「媽媽，其實那個錢是我拿的沒錯。謝謝媽媽那時候願意相信我。」

媽媽嚇到了。當時她只是因為在無憑無據之下指控孩子，她擔心孩子會鬧彆扭，故不再追究此事。但萬萬沒想到孩子說謊了，還說感謝媽媽那時可以相信他，要她該如何接受這情形？

不過，對付孩子說謊最好的方法就是在沒有證據之下應該選擇相信孩子。由哲民的案例可以得知若單以心證揣測孩子，無論事實與否，孩子對於家人的不信任只會更生氣，有被背叛的感覺。

他生氣的點是家人無憑無據地懷疑他。即使有證據，家人也應該相信他這麼做是有理由的。假設媽媽或其他家人已經看見哲民偷拿錢的那一幕，千萬也別當場指證他是犯人，要相信他會一言不語拿走錢是有理由的。要相信一個人並不容易，但依經驗法則，相信與孩子的成長是成正比，如果孩子出現問題，一定要相信他這麼做是有理由，並在聽完理由後，擁有一顆理解他不得不這麼做的心。在孩子的內心裡找尋一絲絲真心，好好栽培它，便能根深蒂固。

了解積極意識，改變孩子的行為

接著，父母須探究孩子內心底層的真心。孩子外表看似有問題的行為，其實都蘊藏著積極意識，來看一下高三生智厚和他媽媽的故事吧。智厚上學單純只想好好度過這段高中生活，無任何叛逆行為，但對學業也不怎麼努力。媽媽看他這副模樣非常著急，明明是可以做得更好的孩子，卻對讀書一點興趣也沒有。某天晚自習結束，媽媽開車去接孩子回家。在車上，智厚發牢騷：

「吼，同學們太吵，我吃完晚餐後，想說趴著休息一下，結果被老師叫起來罵了一頓，叫我回家。」

媽媽聽完很生氣。每天如此辛苦接送，竟然晚自習都在睡覺。雖然很想罵孩子，但知道罵了也沒用，於是深呼吸冷靜後說：

「媽媽都來載你了，該要有點抱歉吧！」

「誰要對媽媽抱歉？」

這又是什麼狀況？竟然對媽媽一點都不感到抱歉？媽媽很想發脾氣，但想到可能會對孩子造成壞影響，於是默不做聲。智厚對自己有話直說的口氣，及不讀書只在睡覺這件事不感抱歉，雖然媽媽非常在意孩子這種態度，但指責也改變不了什麼，她突然想起父母教育課程中，曾提到：「任何情形之下，一定都有孩子的積極意識。」但是孩子不讀書，只知道睡覺和發牢騷，實在看不出來有什麼積極意識。

我問媽媽：「孩子不過是想趴下休息一會兒，沒想到起來已經十點了，您覺得孩子的心情是如何？難道因為可以回家，所以覺得很興奮嗎？」

從孩子的立場來看，讀書雖累，但他也很想讀好書。打算休息一下再努力拚，沒想到時間一下子咻飛走了。原本想好的讀書計畫泡湯了，孩子理當心情煩躁。媽媽若能想到這一層，便能懂得心疼孩子，並欣慰孩子內心的真實想法。原來他發脾氣是因為這樣啊！若不能理解孩子的心，只問他不對媽媽感到抱歉嗎？孩子會覺得媽媽不懂他。

於是，媽媽後來問兒子：

「你讀書計畫泡湯的那天很傷心，是嗎？」

「是啊！換作是媽媽，你不會難過嗎？」

「嗯，抱歉，媽媽沒能察覺你的感受。」

「不，我也對不起媽媽。」

媽媽說這是她第一次感受到孩子的真心，一直以來她認為孩子不愛讀書，是硬撐著讀下去的，結果卻不是這樣，她對孩子感到抱歉，也很感激。媽媽決定要相信孩子，雖然偶爾會犯錯或耍把戲，但她相信孩子內在真心裡藏有想要做好的積極意識。當然，孩子的讀書態度不會馬上變好，但一步一步慢慢來，孩子的生活一定會過得更好。

孩子的每一個行為裡都藏有積極意識。那麼，一個青少年謊報考試成績，他的積極意識是什麼？大部分的人應該會聯想到因為他討厭被媽媽罵，但還有其他理由：因為孩子很抱歉自己讓爸爸媽媽失望；因為不忍看到父母傷心生氣的樣子；因為不能讓父母開心覺得很抱歉，這些都是孩子的積極意識。

再仔細想一想，為什麼花一小時就能完成的作業，孩子要一直拖拖拉拉的？因為不想寫？父母有一點特別奇怪，他們總是先想到孩子的消極意識。的確，當然孩子也不想寫作業，但執著於此，對孩子一點幫助也沒有，孩子反而覺得既然被發現，乾脆「不管了」，變成自暴自棄。因此，即使在這個情況之下，也要努力找出孩子的積極意識。

邊寫邊吵表示孩子仍存有想寫完作業的念頭，他們哀號是因為不管多累，作業只能靠自己完成。如果孩子這樣的狀態持續一段時間，而父母只會指責他的態度，極可能造成孩子決定乾脆放棄一切。倘若父母希望孩子即使再累也能把自己該做的事情做完，那就必須告訴孩子他們行為裡存在的積極意識：

「雖然很累，但你還是很認真地想把作業寫完，真是辛苦你了。有什麼需要媽媽幫忙的嗎？要幫你準備一些零食點心嗎？」

父母需要擁有這一點程度的不同視角，還需要多多練習。試想：一個準時出門的孩子卻遲到三十分鐘才到補習班，他的積極意識是什麼？與其懷疑他做了什麼壞事而遲到，不如這麼想：路上碰到什麼事了吧，應該沒事吧？安全抵達，可以放心了。**雖然遲到，至少他沒放棄去補習班這件事。**

試試站在孩子的立場思考。如果媽媽可以接受孩子的心意，相信他這麼做都是有理由的，或者她能告訴孩子自己未能發覺的積極意識，孩子會怎麼想？人類的心裡同時存在天使與惡魔、善與惡，因此不斷產生矛盾，其中我們會壯大哪一個想法，或者選擇哪一種行為，外部刺激與內在價值標準是決定關鍵。你給孩子的刺激是哪一種？

假設你還是跟以前一樣想訓孩子，請看下列的心理學實驗案例。

哈佛大學心理學教授丹尼爾．魏格納（Daniel Merton Wegner）於一九八七年進行一項實驗：他將參加者分為三組，播放白熊一日生活的紀錄片給他們觀賞，並分別下達指令：「請記住白熊。」「你可以想白熊，也可以想別的。」和「請不要想著白熊。」再請他們每次想到白熊就按一次鈴。猜猜結果如何？哪一組想到白熊的次數最多？

答案被命令不要想白熊的那一組，反而想到白熊的次數最多。這個「抑制思維的白熊實驗」目的很明確，由此可知，人在壓抑某個思維或心情的時候，反而更執著於那個思維或心情，產生壓抑思維或控制心理促成了記憶活化的心理現象。父母指責孩子的言語，對他而言是讓人痛苦到想要忘記的，但越想忘就越忘不了，不斷想起那些話，此現象稱作負面的自動思考。最終，那些話成為孩子對自己的評語，自認為「我就是這樣啊！」挫折感增加。

試問：父母嘮叨孩子與鼓勵支持孩子的時間比是幾比幾？如果父母只是在考試那天早上鼓勵孩子：「你可以的，專心好好考試。」但孩子腦海裡全是這天以前父母鞭策他的那些教訓，即使孩子努力不去想父母的批判，可是那些話像是詛咒，總是不由自主地想起。無論發生什麼事，孩子都有一顆想要做好的心，想要讓父母開心。**如果父母希望孩子心理的積極想法能夠勝過消極想法，不管滿不滿意孩子的言行，都請試著找出孩子的積極意識，並告訴他自己未能察覺的意識。**

需要一個很不一樣的觀點看待孩子

請問下列的狀況孩子要經歷多久，未來他才能擁有自由的生活？

（起床去學校，再到補習班後，回家吃完飯，回房寫作業，寫完睡覺）×

〇小時＝畢業！

計算一下，從早上八點到晚上六點，共十小時；一個月上學的日子約二十天，扣除放寒暑假，共十個月；幼稚園三年、國小六年、國中三年，以及高中三年，共十五年。10×20×10×15＝30000，大約反覆過相同生活約三萬小時後，終於可以成為大人，擁有自由，可以選擇自己想做的事了。但在這段時間裡，孩子學到什麼？有什麼想法？感受如何？世界時時刻刻都在變化，應要有與他人不同的思維，發展自我思維，但固定模式的生活要如何讓孩子擁有獨特的視野，研發自我觀點？他有辦法成為二十一世紀所需的創意人才嗎？這好比父母餵孩子油膩食物，卻要求他保持纖細身材，或者自己肆意罵髒話卻要求孩子不准亂說話，言行前後不一。

父母該怎麼做，才能改變青少年，眾說紛紜，但最重要的是共鳴、接受、照顧與尊重。遵照方法實踐的父母都應該知道：解讀孩子內心的話語易引起孩子反感，真心對孩子說「很傷心對吧」、「覺得很丟臉吧」或「很辛苦吧」，孩子反而一臉冷淡或反抗的現象。這不是因為孩子的個性特別糟，跟父母的關係特別不好，很有可能是因為孩子不願被他人察覺自己的內心想法，討厭父母簡單幾句話將整件事單純化，以及厭惡大人不懂裝懂，因此不想聽他們說的任何忠告建議。這是青春期的叛逆，也是他們成為大人的過渡期現象。總而言之，孩子若因那些話覺得自己被人看透產生反感，表示父母必須換成其他溝通方法。

如前述所說，停止過去的教養模式，製造與孩子歡笑時光，並相信認同與支持孩子就是最好的溝通祕訣。如果能在問題中找到孩子的真心與積極意識，孩子就可以相信自己，成長得越來越好。

與青少年溝通的特殊方法五

培養認知樂趣

什麼是有趣的？

不自覺會主動找資料學習，甚至記憶背誦，如果有這樣的事，讓你產生這股氣的動力是什麼？答案是「樂趣」。人對某樣事物產生興趣，自然而然會專注及探究，即使失敗了或是非常困難，皆能戰勝它並從中獲得喜悅。樂趣是我們感受到自己活在這世上的核心要素。

孩子們喜歡玩遊戲、滑社群軟體、化妝或迷偶像歌手，都是因為能在其中感受到樂趣，充滿能量。那個年紀本來就對這些感興趣，所以要說是「問題」，恐怕不妥。不過，要是完全拋棄有助自我成長發展的課業學習或知識探索，把所有的時間精力花在這些樂趣之中，父母是該要想個辦法改善。

大部分的孩子只須經過前四階段就可以變得更忠

實與認真執行學校生活，與朋友的關係也能變好。但若經歷前四階段後，情況仍未有起色，或者父母想誘發孩子更強烈的動機，首先需要了解孩子的「樂趣」是什麼？

現代心理學家強調興趣的重要性，興趣可以提高人對事物的關心度，誘發有意義的學習動機，增進長期記憶。愛因斯坦曾說：「興趣是最棒的老師。」「興趣」和「樂趣」的意義稍微不同，興趣係指被某一對象吸引，隨情感產生的關心；樂趣則是津津有味、愉快的心情或感受。雖然本書所述的樂趣更接近於興趣，但以孩子的觀點，混合統稱為「樂趣」。

「無聊。」這是孩子最常講的一句話，也是父母最討厭的一句話。父母每每聽到這句話，都會認定為孩子沒韌性、做事馬虎。在父母的觀念裡，讀書本來就是件辛苦事，應該要堅持不懈，看到孩子毫無鬥志之樣，忍不住嘆氣連連。不過，我們要知道一件事：再累再辛苦都能讓人持續做下去的力量是「樂趣」。如果孩子整天把「無聊」、「太難不想做」掛在嘴邊，不管父母或孩子都需要先了解「樂趣」的真正意思。

再難的挑戰都勇於嘗試的孩子，其態度是如何？想像一個孩子嘴上嚷嚷數學題目好難，但臉紅氣喘地認真解題，看在眼裡的父母當然欣慰。大部分的孩子因為困難度高而放棄數學或科學，但喜歡這些的孩子卻說：「雖然難，但很有趣。」即使困難，為什麼孩子仍堅持不懈在解題？原因來自於樂趣。樂趣對孩子來說很重要，因為有趣，所以不放棄一直到解題完成，解完的心情非常滿意。對父母而言，孩子能有這一面是最珍貴的恩賜。那麼，孩子為什麼會對某些事懷抱樂趣呢？

你知道什麼是認知樂趣嗎？

美國科羅拉多大學心理學系名譽教授金取（Walter Kintsch）的相關研究，將樂趣分為情感樂趣與認知樂趣。「情感樂趣」（emotional fun）係指透過引起情感覺醒或直接的情感反應事件（如性或暴力），而產生的興奮；反之，「認知樂趣」是由新資訊與基本知識之間產生，簡單來說，係指既有的基本知識因新資訊增廣見聞，在其過程之中感到興奮。

譬如遊戲或刺激性興趣中得到的樂趣便屬情緒樂趣。目前大家所知道的樂趣大多屬於情緒樂趣。我們經常看到孩子在小時候因為玩得開心，行為出現正面積極的變化。但孩子到了青春期，是完全不一樣的狀態，盡情滿足情緒樂趣還是不能改變孩子的行為。即使下了很大的決心帶孩子去遊樂園玩一整天，或買最新智慧型手機送他們，父母得到的回報不如預期，反而留下後遺症，孩子更無法專注念書。

很奇怪的一點，樂趣應該會使人心滿意足，但結果卻並非如此。孩子跟朋友在外玩了一陣子，回到家後還是不做該做的事，繼續玩手機、傳訊息，把該做的事情拋在腦後，這就是情緒樂趣的限制。即使在外跟朋友見面玩樂，回到家後，心依然空空的，嚴重者會沉浸於空虛與後悔之中，若真的心滿意足，絕不會出現這兩種情感。孩子脫離幼兒期，到了國小高年級，慢慢會開始出現這種症狀，為什麼呢？因為只有情緒樂趣，是無法填補孩子成長的需求。人有各式各樣的欲求，除了滿足心情之外，還需要學習成長的感受。**唯有認知樂趣能夠填滿孩子的空虛感。**

今天過得很有趣、很愉快，但仍有可能覺得空虛，也有可能是很滿足。在做完某一件事的時候能否感受到滿足，這就是情緒樂趣與認知樂趣的差別。當人得知新事物的時候，可以感受到趣味與新奇；原本沒能做到的事情做到的時候，覺得自豪與信心滿滿；好奇想要探究更多自己關心的事物，這些皆屬認知樂趣。因此，想要更努力讀書的動力，來自於認知樂趣。

感受到認知樂趣的時候，孩子會說「好有趣」、「好好玩」、「還有別的嗎?再多說一點」或「聽完之後，我想到的是這個」等，神情充滿熱切。有足夠的認知樂趣後，孩子內心想要成長的那股力量開始蠢蠢欲動，而青少年父母是幫助孩子成長的最核心角色，應培養孩子擁有認知樂趣。

刺激認知樂趣的不同視角

那麼，有什麼辦法可以發展孩子的認知樂趣?讓孩子挖掘到未知的新知識，或產生另一新想法的領悟都是不錯的方法。

在不觸發孩子反抗與叛逆，以及不觸犯孩子獨立的範圍裡，又想從旁協助引發孩子的好奇心，這時可以善用「錯視圖」為媒介。我們時常會以不對的

「魯賓之壺」

觀點看待事物，被稱為錯視或視覺錯視。完形心理學（格式塔學派）利用各種的錯視圖，解釋人類的偏差視角。以丹麥心理學家魯賓（Edgar Rubin）的作品「魯賓之壺」為例，不同的看圖者會看到不一樣的圖案，有些看見的是一個花瓶，有些則看到兩張面對面的臉孔。在形態心理學裡，人的關心焦點等同於圖形，不關心的部分則為背景。先看到花瓶的人，他的圖形是花瓶，兩張人的臉孔為背景；反之，先看到兩張臉孔的人，臉孔是圖形，花瓶則是背景。不會有人同時看到這兩種圖形。最重要的是，即使是同一個看圖者，只要依照觀點與心理狀態不同，就會看到不同的圖案。也就是說，自己的觀點與心理狀態改變了，看見的事物樣貌會長得不一樣。總結一句：刺激不變，但視角改變了。

青少年的「魯賓之壺」現象特別強烈，認為「我的所聽所見便是世界的全貌」。他們可能會認為爸爸媽媽之所以在自己面前生氣吵架，理由都是「我這個存在」而起；瞪我的朋友是因為討厭我所以這麼做；覺得數學很難，對它充滿厭惡，無法感受到數學的趣味……他們因為這些偏差視角而飽受折磨。

擁有健康情緒的人明確知道對自己最重要的事物，並以圖形的方式強烈浮現出來。相反者則不能分辨圖形與背景的差異，因此產生混亂。所以在父母眼裡看似不重要的事情，孩子卻出現過度的反應。如果孩子看到的圖形是線上遊戲，便無法意識到對自己重要的學業、家人及朋友。因為孩子重視的是當下的感受，看不見存在於背景的真正重要之物。他們必須脫離偏差才能知道自己真正的欲求是什麼，並進行統合。

下列為形態心理學最常使用來幫助孩子脫離偏差視角現象的圖畫：

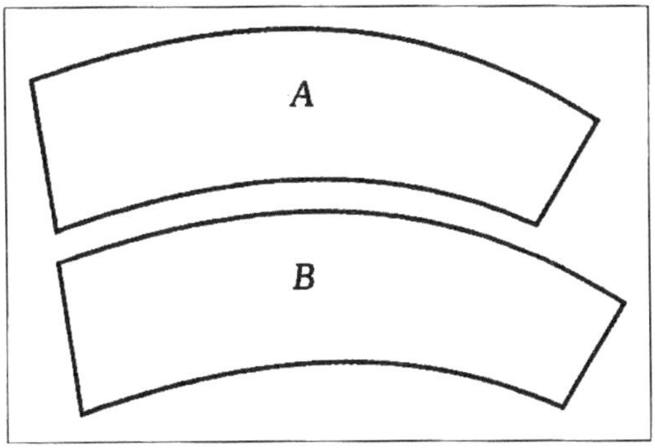

賈斯特羅錯覺
(Jastrow illusion)

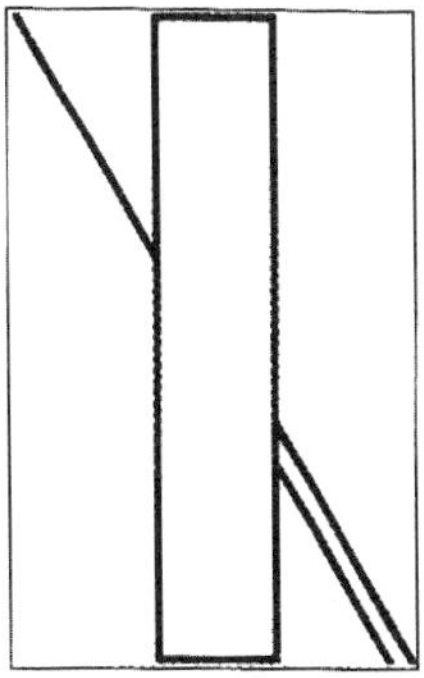

波根多夫錯覺
(Poggendorff illusion)

前一頁下方左圖的賈斯特羅錯覺[7]裡可以看見下方圖形（B型）看起來更大一些，但以尺測量後可得知上下AB圖形的大小一致。右圖的波根多夫錯覺[8]裡，你猜左線與右邊的哪一條相接？以肉眼看，很像是右邊上方那條，但經過確認應該為下方那條線。

不過近來會覺得難以與青少年溝通的原因之一，是孩子不會照實說出他肉眼看見的事情，習慣裝懂混過去。明明自己覺得左線與右邊上方的線相連，卻裝出一副「是下方那條線，對吧？這我一看就知道了。」雖然承認自己不知道會讓孩子感到有點洩氣，但他不應該裝出很懂的樣子混過去，必須親自拿起尺確認事實的真相。本來自以為都懂，不必再三確認，但孩子親自拿尺實際量完，確實明白哪一條才是與上方相連接的線之後，產生的反應會很不一樣：「哇！真的是下方那條線耶！太神奇了。」許多青少年經常裝懂，都非真正的領悟。一次澈底的領悟，孩子的心理成長就會增進一步。

名畫〈美女與老婦〉（原作為〈我的妻子與我的岳母〉）於一九一五年被英國漫畫家希爾（Ely William Hill）改編刊登在一本美國的幽默雜誌。有些人會先看見年輕的美女，有些人則先看見年老的婦人。此圖畫於一九三〇年出現

在美國心理學家波林（Edwin Borin）的研究論文之後，聲名大噪。

這類的圖畫可以被認知成兩個以上的事物，能以不同的意思解釋，故稱作「新多義圖形」（A new ambiguous figure）。雖是同一刺激，但因期待不同，看起來不同。自我關心的部分是顯現出來的圖形；不關心的地方則成了背景。

此概念與「雞尾酒會效應」類似。雞尾酒會效應是指人在雞尾酒會這樣吵雜的地方，只聽到與自己聊天的對方聲音，聽不見其他人的聲音。交談對象的聲音是圖形，其他不重要的人聲成為背景。假設孩子和父母溝通時，他把所有精力都放在手機裡與朋友聊天的訊息，朋友的訊息是圖形，站在面前的父母則

7 又稱「加斯特羅圖形」。是一種光學錯覺，由美國心理學家約瑟夫·賈斯特羅（Joseph Jastrow）發現於一八九二年。在此圖中的兩個圖形是相同的，不過下面的看起來要大一些。

8 指一條直線被部分遮蓋後，分隔出的兩條直線看起來不在一條直線上的現象。

變成背景。因此，孩子大腦裡記不得成為背景的父母說過的話。大部分使用新多義圖形進行諮商的孩子都說：

「醫生，還有其他類似的圖畫嗎？」

「怎麼了？」

「我想給朋友們看，這太酷了。」

先看見年輕美女的孩子，找不到老婦的臉龐時，我會告訴他們如何換不同的焦點觀看畫：將焦點放在下巴底，就可以看見微微張開的嘴巴，接下來沿著人中往上，再看到大大的鷹鉤鼻，他們這才驚訝：「啊！我看到了。」我分享這些圖畫，試著跟國三男孩子聊了幾次之後，他說：

「原來眼睛所見的並非全部。朋友不過是看到我嚇了一跳，嘮叨幾聲，我自己認為他是討厭才會這麼做。可是，醫生之前不是問我：他只對我這樣，還是對其他朋友也這樣嗎？我那時覺得他只對我這樣，後來重新看了一下，發現不是這樣的，他每天都是那副模樣，很躁鬱的樣子。所以，現在不管他對我做什麼，我不以為意了。」

認知樂趣從新資訊與基本知識間的關係裡產生，已知的基本知識，沒想到另外隱藏新的情報，不僅增廣見聞，同時也擴大自己的胸懷。透過上述的研究與案例，我們可以確信認知樂趣有助於孩子的心理成長。

探求新資訊，培養認知樂趣

國一生宰賢從一進諮商室就氣沖沖，因為他要用手機加入某個會員，認證失敗多次，導致系統停止發送認證簡訊給同一手機號碼。於是，他要媽媽的手機來用，還威脅若不給他用的話，就不接受心理諮商。我跟他說：

「你打給通信行解決就行了，為什麼不去辦理，反而去威脅媽媽？」

「咦？真的嗎？我可以自己解決？」

「應該可以，如果因為未成年需要父母的許可，到時候再拜託媽媽幫你不就好了？」

我建議他上網搜尋通訊行的客服電話，打過去要禮貌地問。因他不聽自動語音的步驟，大概撥打了兩通才與客服專員通到話：

「你好，由於我重新發送認證簡訊太多次，造成系統顯示超過額度。可以麻煩您再寄送一次認證簡訊給我嗎？」

宰賢認真地聽客服親切的說明，依循步驟完成設定後，終於可以重新接收認證簡訊了。親自解決問題的他，臉上露出笑容，對自己深感自豪。只會折騰媽媽，不順心就發脾氣的他，竟然可以親自解決這個問題，彷彿找到新世界，眼睛發光閃亮：「太有趣了，我竟然沒想到可以這樣做。」

想要成為大人，就要從被動接受的角色演化成主動解決問題的角色，但現在的父母都不提供青少年們這種機會，只知道指使他們，強迫他們用功念書。孩子對其他事物產生關心時，父母還會說這些等上大學的時候再去做。這樣孩子該如何成長？

今天孩子整天在學校好好上課，努力讀書提升成績，以及和朋友們談笑風生，這些都應該要是孩子依自己的心意所做的選擇，為了協助他們自我領悟，也應該這麼做。假如父母認為孩子沒有一件事能自己好好完成，不放心的時候，可以測試他，例如：在電視購物裡看到想買的商品，詢問孩子的意見，結果孩子這樣說：

「媽，現在有很多人在兼職負責寫評論留言，不能太相信，不如直接去賣場試用後再買。如果買完覺得不滿意，一定要申請退貨。因麻煩而放著不用它，那就是浪費和過度消費。如果你做不到，跟我說，我幫你處理，知道了嗎？」

孩子能夠勸誡衝動購物的媽媽，代表孩子不只身體成長，思考也變得有深度，能感覺到孩子是真的長大了。

孩子想要的不是鋪好的紅地毯，他們希望倚靠自己的力量，而非單純當個爸寶媽寶來走上紅地毯。雖然，表面上他們看起來很享受父母準備好的一切，但他們絕無法從中獲得真正的成就。父母不應該親自幫孩子抓魚，而是傳授方法教導他們如何抓魚。換句話說，不該幫孩子找好他們所需要的資料，而是教他們如何搜尋資料。那該怎麼做呢？

教導孩子搜尋新資訊的方法

在心理諮商輔導時，我也會教導青少年如何自己找到與世界連結的橋梁，並從旁協助他們累積相關實際經驗。接受諮商的其中一名孩子喜歡某一作家，與那位作家見一面是他的人生願望。每次遇到熱血沸騰的孩子，我都很開心。他只是不知道如何將自己的願望與現實連結，對該如何實現夢想感到茫然。其實，解決方法比預想中的簡單，我們身處智慧型社會，不需要倚靠人脈拓廣交際，真心好奇想求解的話，一定都有辦法找到方法。

我向孩子介紹「六度分隔理論[9]」（Six Degrees of Separtion），此理論於一九二九年由匈牙利作家弗里傑什・卡琳迪（Frigyes Karinthy）開創，講述至少同一個國家的每位人民在經歷六度分隔（亦即通過六個人）之後，彼此就算是認識的關係。美國耶魯大學社會學系教授米爾葛蘭（Stanley Milgra）進行一項著名的米爾葛蘭實驗[10]，雖然很多研究者以人際網絡的概念解釋，但我將這個實驗稱作孩子找尋自我關心事物的過程。況且，六度分隔概念始於一九二九年，當時既沒有手機，更別說現在的網路或智慧型手機。現在無須六度分隔，兩度便能連通到新的地方了。因此，若孩子若想透過尋求新資訊改變心理狀態，我建議可以嘗試「寫電子郵件」。先向孩子提出六個問題，並展開話題：

1. 好奇什麼？
2. 需要什麼資訊？

3. 要發給誰？
4. 要發給幾位？
5. 如果沒收到回覆，該怎麼辦？
6. 如果收到回覆，該怎麼辦？

過程有點荒唐，不過大部分的孩子會問：「要怎麼知道電子郵件的地址？」你看，孩子連輕鬆取得電子郵件地址的方法都不知道。我告訴他可以到出版社官網上取得出版社的電子郵件地址，再鄭重拜託出版社提供作家的電子郵件地址，也可以表明自己是作家的粉絲，有好奇的地方想詢問作家。透過出版社取得作家的郵件地址後，再真心誠意地寫信給他。假設孩子喜歡的人物有十位，向每一位發送電子郵件，可以收到幾位的回覆？大致上能收到一半的回覆。實行不難，最重要的是孩子全程要親自動手，因為他們常常不知道原來自

9 認為世界上任何互不相識的兩人，只需要很少的中間人就能夠建立起聯繫。
10 嘗試證明平均只需要六步就可以聯繫任何兩個互不相識的人。

己能如此輕易與這個世界連結。

國小隨著軍人爸爸經常搬家的一位高中生，我教他這個方法後，他很小心翼翼地跟我說他有想要發送電子郵件聯絡的人，這個人是國小五年級轉校班級的導師。我告訴他可以打給畢業小學或教育局詢問，就能知道這位老師現職哪所學校，但一個月過了，他一通也沒打。他說很害羞，並懷疑電話那一方真的能回答他的問題嗎？最重要的是他覺得那位老師應該不記得他了。這就是青少年的心理狀態，需要做好心理準備，需要行動力，寫一封電子郵件就能解決的事情，他們很難一次解決。

教導孩子如何與這個世界連結，父母佔很重要的角色部分。偶爾在網路新聞上可以看到國高中生親自找有名人士採訪，留下很棒的成果。每次看到這種新聞，我都很為那位孩子感到驕傲，並感謝教導孩子這麼做的父母或老師。但另一方面，孩子要做到這個程度才能上新聞受人讚賞，現實真淒涼。我想強調的是孩子不能勇於挑戰，不代表他沒有能力。孩子於誕生的那一刻起，即具備所有能力：學習的好奇心、想要做得更好的意欲，以及跌倒也有爬起來的勇氣。以上介紹的青少年五個階段溝通方法是一種手段，有助於父母打破孩子內心的高牆，發掘隱藏的寶石。希望父母能夠與孩子一同攜手拓廣孩子的潛力與可能性。

04

我也有希望嗎？

若想幫助長期受挫放棄的孩子

一定要做到這程度嗎？

都長到青少年，應該要知道自己該做什麼，不是嗎？

這樣做，真的有效嗎？

即使理解了青少年的心理，也知道跟孩子溝通的方法，但許多父母心裡仍存留疑問：自己真的要做到這個地步嗎？苦惱於覺得自己做不到。如果是這樣，表示父母須先照顧好自己的內心，若父母的心理狀態不健全，親子關係只會變得更差。因此，父母要先了解自己，照顧好自己，再循序漸進利用上述提供的方法修復彼此的關係。當然，若父母能找到不同但同樣帶來正面效果的方法，大可不必依照上述的去做。若還沒有找到幫助孩子脫離苦境的好方法，與其撒手不管導致問題惡化，不如試一下吧！改變一個長期受挫而放棄的孩子，並非容易之事。即使孩子早已心冷，父母更是倦了，可是，我們不能放棄拯救孩子啊！

長期痛苦的汝珍

國中三年級的汝珍和爸爸媽媽一起來諮商室。汝珍每天玩手機，沉迷社群平台，與校外朋友混，絲毫不關心學校課業。她拒絕上學，外出不聯絡父母，直到深夜才回家。甚至會對父母大呼小叫，非常嚴重的叛逆。曾幾何時，汝珍變成這樣？

汝珍出生於雙薪家庭，自小由奶奶扶養長大。雖然媽媽下班回家會接著照顧汝珍，但工作太忙累，無暇顧及孩子的內心世界。奶奶勞心勞力地照顧汝珍，但也經常指責或對她嘮叨。上小學後，汝珍常與同學起爭執，一旦不如意，總是發很大的脾氣。原以為可能是個性跟男孩子比較合得來，也就沒多管。直到升上高年級，其他同學都跟同性朋友玩在一起，她漸漸沒了朋友。汝珍對讀書也不感興趣，整天只會滑手機。到了國中，她與一群校外朋友鬼混，越來越晚回家，若制止她，則出現更大的反彈。

很特別的是，國小六年級那年，汝珍主動跟媽媽說想要接受心理諮商輔導，可是當時媽媽不認為她有任何的問題，不以為意。直到國中三年級，汝珍的行為日益嚴重，這才帶汝珍接受心理諮商診療。媽媽向汝珍提議時，她並未拒絕，安靜地跟在媽媽後面一起進諮商室。

為了精準掌握汝珍的心理狀態，我請她做了心理測驗，結果顯示出幾項特徵：不能與朋友相處融洽，經常起衝突的原因來自於判斷事情前後脈絡的能力不足，例如：在街上遇到媽媽的朋友，產生的第一反應是「我不認識這個人，為什麼要跟他打招呼？」自己疏失打翻飲料濺到隔壁桌小孩的衣服，則怪他：「我就跟你說滾過去一點！」自己遲到的時候一堆藉口，對方遲到就大罵；以及不經媽媽的同意，擅自拿錢並強辯：「媽媽不也知道我拿了錢，這有什麼問題？」小時候未曾做過的行為，不代表以後不會。隨著自身環境的不安與不滿逐漸增加，慢慢脫離社會規範，不遵守禮儀，經驗累積後，遜而造成認知上的混亂。因為內心不平，促使孩子的判斷能力下降，道德標準界線模糊。媽媽與汝珍經常以下列方式交談：

「你為什麼不打招呼？看到人就要打招呼，這是基本禮貌。」

「我不知道。」

「為什麼會不知道？你小時候很會跟人打招呼啊！」

「不知道，我忘了。不記得小時候學過什麼。」

「你還要繼續裝嗎？」

當事者也不懂的青少年內心故事

小時候懂得跟人打招呼，展現活潑可愛一面的孩子，到哪去了？聽聽看汝珍如何詮釋她和父母之間的故事：

我跟媽媽關係不好，我們在家不講話。媽媽每天都很忙，個性火爆，一旦不如她意，如炸藥般的大吼大叫。沒有人關心我，我很想忘，但不管我怎麼做都忘不了「我內心的傷痛」。

我請汝珍畫畫看家人，她將圖畫紙分隔兩半，一邊畫正在看電視的爸爸，另一邊則是在玩手機的自己，媽媽不存在她的畫之中。我問汝珍：「為什麼沒有媽媽？」她回答：「媽媽大概正在工作吧！」

汝珍缺乏幼年期所需的連結親密感。發生大大小小的事情或被奶奶罵覺得受傷的時候，都未能及時得到適當的協助與安慰。在受傷多次以後，她對這樣的父母產生不滿及恨意。所以，我們應先明白汝珍會變成現今這般模樣，是因為過去父母的對待，她現在的行為絕非單純因為喜歡跟壞朋友們在一起或愛玩。

情感缺乏容易導致思考扭曲，汝珍非常在意他人眼光，對外部刺激極度敏感。假設有人對她的穿著或髮型露出不甚滿意的反應，會連續好幾天跟父母鬧著要買新衣服，還會因髮型不滿意而不去學校上課。另外，她的思考變通性不足，舉例來說，如果朋友對她犯了錯，即使對方真心道歉，她也不會接受，並且將他視為「一生永遠的敵人」。汝珍把生長環境裡造成的內心傷口投射於外，於是將他人和外界視為危險與可怕的存在，具有強烈的被害妄想意識，導致她誤解對方的想法或意圖，出現各種誤會、衝突與摩擦。

因此，汝珍也無法以正面思考看待自己。如果大家都避開她，她會認為：「原來我什麼都不是啊！」如未能按照計畫成功順利完成，她會覺得自己：「做什麼都不行。」自我價值感與尊重非常低落，面對未來一片灰暗。我請汝珍描述現在的自己，她說：

在無盡的沙漠裡迷路，口乾舌燥，彷彿即將死去。茫茫大海之中，一步之差跌入汪洋海水裡。

我問她：「從何時開始跟媽媽之間的關係變得這麼差？」

「大概是六歲左右？那時我還小，晚上想跟媽媽聊天，一起玩，媽媽總是說很累，下次再陪我玩。今天說下次，明天又說下次……最後我放棄了。自從我不再煩媽媽以後，她更愛嘮叨了。現在我盡量不找媽媽說話，在我的印象中，沒有什麼與媽媽一起的回憶，沒有一起玩過。」

可是，媽媽的記憶卻與汝珍相反。每天下班回到家都會問汝珍：今天做了什麼？一起聊天，抱著孩子聽她說話，常常一起歡笑，周末還會帶汝珍出去玩。每逢休假日，家人們會一起去濟州島旅行或是到遊樂園玩。為什麼孩子忘了這些快樂的回憶，只記得自己的委屈？父母非常傷心難過。無論理由是什麼，事實就是汝珍只記得自己很受傷，掩埋過去幸福快樂的回憶。為什麼她會抹掉快樂的記憶，僅留下痛苦的傷痛折磨自己？

大概是因為父母只給他們想給的，並非她想要的。又或者，他們不了解汝珍是怎樣的孩子，她的個性特質及心理需求是什麼？像是媽媽以為汝珍只喜歡玩，但其實並不然。汝珍小學的時候，希望媽媽可以坐在身旁陪她寫作業，但媽媽認為寫作業是自己的事，沒想到要陪伴孩子一起完成。當汝珍需要媽媽的時候，都未能及時滿足她。雖說父母不能滿足孩子所有的欲求，但應該要先了解孩子各種欲求的先後順序，並努力去試著滿足，而不是先照顧父母自身的需求。

心理測驗結果：汝珍對自己的主觀價值非常高，擁有強烈的成就感欲求，若不能滿足，內心會非常受挫。受到學校或身邊親朋好友批評的時候，會產生濃厚的自我貶低感，在這種情形之下，怒氣、自責與無力的情緒造成內心混亂，累積龐大的心理壓力。除此之外，她總以錯誤的行為表達自己的心境，因而受到社會的排擠，心裡更加焦躁不安與痛苦。既然都被學校視為問題兒童，無論自己多努力，都不再有任何希望，乾脆自我放棄，整天遲到、缺席、無故未到、拒絕上學和晚歸。

爸爸媽媽最需要的五階段溝通法

父母看她這副模樣，怎麼可能什麼都不做，試過哄騙、責罵、沒收手機和禁止外出，但對她一點都沒有效。最後想起以前汝珍曾拜託過的心理諮商，只好皺著眉頭帶她來諮商室。

爸爸媽媽對於她經常為朋友的事情煩惱這一點感到心痛。國中一年級時，汝珍說不想再去上學，父母曾考慮搬家轉學，但礙於現實不允許。結果卻造成汝珍誤以為爸媽不願搬家，卻向她說謊願意幫助她搬家，因而加深了對父母的埋怨。

所有父母都希望孩子能安然度過艱難的青春期，擁有安穩的學校生活，但汝珍知道嗎？她當然也知道父母因為自己很辛苦，也努力想要配合，但是父母總是不懂她的辛苦，想要控制她的所有行為，強迫她讀書，於是不斷擴大她對父母的怨恨。

現在父母與孩子需要一個可以讓雙方皆大歡喜的辦法：父母該停止對方並不想要的單方向關愛，以及不順意的時候就罵孩子的管教方式；孩子也要自我理解內心，改善與父母之間的關係，以及解決學校適應的問題。父母都希望孩子最好能立即轉換態度，但諮商師不是魔法師，沒辦法揮一揮魔法棒就能改變一切。周遭無船隻，亦無橋梁，若想渡江，只能自己收集木材製作木筏或尋找石頭堆積成一座石橋，一步一步慢慢來。汝珍父母決定抱持這樣的心態，嘗試與孩子進行「青少年的五大特別溝通法」。

STEP 1・停止

媽媽決定停止焦躁與嘮叨，也決定不再瞞著汝珍偷看她的手機。雖然能理解媽媽不安的心情，但焦躁對汝珍一點幫助也沒有，只會更擴大自己不安的心情：

「我不看她的手機，會不會出什麼事？」

「請問媽媽偷看汝珍手機多久了？」

「一年左右。」

「這段期間有因為提前知道什麼事，成功預防或阻止問題發生嗎？」

「沒有。」

「很慶幸的是，汝珍還不知道這回事，萬一她知道，一定會引起非常大的風波。媽媽是該停止做這件事了，這都是為了孩子有好的變化。孩子能主動先改變，固然是好，但很抱歉的是，這種狀況幾乎不太可能。小小的開始，創造大大的變化，媽媽勢必該先停下您的動作。」

媽媽聽到停止，誤以為是什麼都不要做的意思，問了一句：「那我該做什麼？」如果你有好好讀這本書，應該想起下一階段是什麼了吧？沒錯，就是製造與汝珍歡笑的時光。

STEP 2・一起笑

想讓汝珍與爸爸媽媽共度歡笑時光，真是不容易。尤其汝珍對媽媽完全不願敞開心房，無論媽媽說得多好玩，動作有多搞笑，汝珍的反應一樣很冷淡。

因此，我從旁協助製造她小時候最想要「和媽媽一起聊天的時間」，誘發汝珍的笑容。小汝珍最想和媽媽互相聊各種大小事，交流彼此的情感，還有牽著媽媽的手或讓媽媽揹著她一起笑，一起玩鬧。經歷過的人都知道小時候這樣的滋味是多麼的幸福，汝珍需要的就是這些感受。但她已經關上心房，不易靠近。所以我教媽媽幾句短話，請媽媽主動先向汝珍說話：

第一，尋找感謝孩子的地方，先對她說謝謝。

「昨晚謝謝你。謝謝你主動傳訊息告訴媽媽會十點回家，讓媽媽安心。」

說完上面那句之後，什麼話別再多說，繼續做原本的事，效果會更好。因為媽媽感謝自己，孩子的心情也會變好。特別追究以前或安慰孩子下次一定要這麼做，太刻意反而沒用。

第二，間接表達父母為孩子著想的心意。例如：買幾個她喜歡吃的杯子蛋糕或馬卡龍點心，並對她說：

「這是別人送的，想到你愛吃，所以帶了幾個回來。」

青少年的心房沒那麼容易打開。他們拒絕太裸露的親切，但若完全不在意，又會埋怨對自己毫不關心。突然換一種對待方式，孩子容易出現防禦心態，所以保持安全距離，間接傳遞溫馨是最有效的方法。因此，間接稱讚勝於直接稱讚。

第三，先說好哪些要求是可以答應的。汝珍最近對媽媽的要求是買衣服、染髮和延後門禁時間，媽媽最能接受的是買衣服。

「這周要不要一起去買你想要的衣服？」

「你給我錢，我自己去買。」

「媽媽也想要享受一下和女兒一起去買衣服的快樂，就給媽媽一次機會嘛，你挑衣服的時候，我絕對不會在旁邊說什麼。」

「真的嗎?我要買我想要的，你保證。」

「好，知道了。我保證。」

在外很常見到孩子跟媽媽一起逛街購物的時候發生爭執，因為孩子選擇的衣服要讓媽媽滿意，真不容易，稍微放鬆戒心，不小心又開始嘮叨了。我和媽媽強調：跟汝珍一起逛街的目的是為了「一起笑」，事先跟汝珍講好金額限制，另外即使她挑了一件媽媽不滿意的衣服，請試著接受它。還有，媽媽也可以挑戰試穿她挑選的衣服，或請汝珍幫媽媽挑衣服，試著讓汝珍展開笑容。

媽媽成功做到了，兩人度過一段非常愉快的時光，一起逛街的那天，媽媽重新見到汝珍小時候那般美麗的笑容，令她感動到眼眶泛淚。在那之後，汝珍偶爾會早一點回家。想到爸爸媽媽為她準備愛吃的零食，本來在媽媽下班回到家都不願意正眼看人的孩子，竟然主動開門迎接媽媽。孩子與媽媽的關係逐漸靠近。

STEP 3．相信、認同、感謝

爸爸媽媽停止以前的教養方式，努力製造與孩子一起共度的快樂時光，大約有一個月了。汝珍的表情和眼神變得很不一樣，明顯比以前開朗許多，與爸爸媽媽聊天講話的時間也有增加。有時候外出見朋友回來之後，也會跟爸爸媽媽聊她和朋友做了些什麼。雖然汝珍還是討厭上學，但對待他人溫和了許多。

現在，我讓爸爸媽媽開始練習相信汝珍，雖然親子關係變好，但父母仍對她感到不安。萬一哪天她又過了晚上十二點才回到家，一樣會想生氣，但又不敢說什麼。

外面世界如此險惡，孩子半夜未歸，身為父母當然會擔心不安，但父母會這麼不安的原因是他們不相信汝珍。假設孩子待在補習班到十二點才回家，父母一點都不擔心，但如果不知道孩子到底去哪，萬一她做出什麼嚴重脫軌的行為，該怎麼辦？好不容易說服不愛回答的汝珍，問她去哪玩到這麼晚，她說：和朋友去網咖到晚上十點，又去了KTV，最後大家一起聚在公園閒聊，或者到朋友家學化妝。偶爾經過夜市，也會逛一下。父母繼續追問，擔心她會不會跟朋友喝酒抽菸，或與男孩子交往，又或者做出什麼危險行為？她很明確地告訴父母：她的朋友們不是這種人。

「為什麼大人們都覺得我們不讀書就是在做壞事？我的朋友們各個都很善良，完全不碰菸酒。有人提議要和男生聯誼的時候，其他的人一定會說不行，和那個人斷絕來往。我們這群朋友也有很會讀書的孩子，我還在考慮要不要去同一家補習班讀書？」

爸爸媽媽不安的原因是汝珍不曾跟他們分享過這些事。另一個原因是在韓國，若孩子不讀書通常會被認定為問題兒童。孩子除了學校和補習班，他們哪裡都不能去，身為大人的我，真是深感慚愧。

我將汝珍所說的內容一五一十轉達給媽媽聽，媽媽依然不相信她。因此，我改以其他提問方式，增進媽媽對她的了解：

「雖然汝珍現在吊兒郎當的樣子，但她還是有好好上學。而且像灰姑娘一樣，每到凌晨十二點就回家，不曾在外流浪的理由，知道為什麼嗎？因為她看見爸爸媽媽態度改變了。她大可忽視爸爸媽媽，跟爸爸媽媽反抗，可是她卻配合爸爸媽媽的要求，原因在哪？假設她放掉這些努力，媽媽，您覺得會變成什麼樣？」

汝珍能積極改變是有原因的，因為她也非常期望自己能夠改變，希望父母能以她認可的方式協助她。因此，父母停下過去只會責罵孩子的教導方式，對她來說，已有一絲絲的希望與期待。

爸爸媽媽間接稱讚孩子並向她表達感謝之意，融化了她的心。媽媽下班路上買回來的零食也是她小時候的希望，一個媽媽向她表達愛意的象徵。雖然父母重新一點一滴填補她過去渴望但缺乏的愛，但他們還是沒辦法相信孩子。

「可是，我們該拿什麼相信孩子？」

相信孩子，這句話應該聽過很多遍，但真的該拿什麼相信孩子，父母仍然迷惘。**只要拋開父母立場，不去檢視孩子錯誤的行為，單純去了解孩子現在正**

為什麼而努力，那父母就能開始相信孩子，以及認可與稱讚現在的他了。若還是無法相信孩子，可以嘗試在孩子的問題行為中找尋正向的行為意圖吧，這樣才有辦法得知孩子真正的內心想法，去相信孩子。

STEP 4・教導正向積極的意圖

其實，父母很相信汝珍，但礙於孩子的現況，他們遺忘了這個事實。為了幫助他們回憶，我試圖跟父母多聊聊她小時候的事情，媽媽說：

「汝珍擅長整理，國小五年級開始就會整理自己的房間，心情好的時候也會幫忙打掃客廳。很奇怪的是，我叫她打掃，她都不聽，可是我晚下班或生病的時候，一定會幫我打掃。

「還有，她不會亂花零用錢。在外玩到很晚，理當應該會花很多錢，但她卻沒有。只花我們固定給她的零用錢，聽說有時候還會節省車費，若到家距離約三個公車站，她會改走路回家。

「嗯……汝珍很照顧爸爸。有時候會幫爸爸準備晚餐，每次爸爸問她，都會乖乖回答問題……」

「但媽媽對她似乎還有不能相信的地方？」

「她跟一群愛玩的孩子膩在一起，我怕她有危險；整天說不想去學校，也怕她會休學，放棄讀書。」

說完之後，汝珍媽媽突然明白了一件事：

「原來我只是害怕未來會發生不好的事。」

現在汝珍的所作所為並非全是正確，當然有危險的部分，也有令人擔憂的部分，不過媽媽終於明白一點：即使她說不想上學，但她還是乖乖去了；雖然跟愛玩的朋友混在一起，可是不至於犯下嚴重違反道德的行為，這些都是她正向積極的意圖，為了守護自己。

爸爸媽媽察覺到孩子的努力之後，開始試著相信她。汝珍改變了許多，不過偶爾還是會像以前一樣用冷漠的眼神看著爸媽，無視他們，還會對一些小事突然發脾氣。但這些可能是孩子在測試父母是否能夠牢固堅守自己，也有可能是因為放棄舊行為模式而產生的抵抗、反彈。

現在是該探討孩子與學校朋友的問題了。這個問題的核心點是她太過度負面看待他人與外面世界。汝珍是一個非常需要朋友認同的孩子，她跟校外朋友雖處得還可以，但在校內跟同學關係仍然不太好。原因不在於她的社交技巧不好，而是因為她以負面角度看待朋友，感覺大家都討厭她，或認為全世界的人都在批評她。有人注視時，她會誤以為別人在瞪她；有人向她打招呼的時候，懷疑對方：「是不是對我做了壞事？」於是我藉圖畫幫助她脫離認知扭曲現象。她看似興致缺缺，其實很興奮，左右旋轉看或倒過來看，非常仔細觀察這些圖畫。

「怎麼可能？這是怎麼畫的？」

「老師也不知道，你那麼會畫畫，你研究看看吧。看著這些畫，有什麼想法？」

「覺得很神奇。」

喜歡畫畫的孩子特別關心那些圖是怎麼畫的，她要求多看一些這種圖畫，我告訴她可以到網路上搜尋「視錯覺圖」（optical illusion）。她找自己滿意的圖畫，找了好一陣子，不斷驚嘆連連。

「汝珍啊，這些圖很神奇，對吧？」

「嗯。」

「老師覺得這些圖畫給了我們很重要的啟發。」

「我知道老師要說什麼，您想說我對朋友產生的那些情感都是我的錯覺，對吧？」

「喔？你怎麼知道的？」

真懂事的孩子啊，出現這種反應太令人開心了。雖然也有可能是孩子揣測我的意思，但這也表示孩子已經想到我要講的話，懂得換位思考。汝珍漸漸明白父母和朋友們對自己的正向積極看法，同時我建議父母可以藉著圖畫的方式向她說明，分享彼此的談話。媽媽也守約了。

「汝珍啊，你感覺不一樣了？一種我過得很好的感覺，開始充滿朝氣，好像有什麼想要跟我分享的樣子，是什麼事？」

「你猜猜。」

「唉唷，你就直接告訴我吧，拜託。」

「老師的表情幹嘛這樣？」

「我在表達我很渴望知道啊，感覺你有點不一樣了，想知道原因是什麼？」

「其實沒什麼，但我的感覺很好，感覺視野有變化。」

「什麼視野變化？」

「就以前只看人負面的地方，現在好像不太會了，可以看到他們各種不同層面。」

汝珍可以領悟到這個程度，已經足夠了。接下來，剩最後一階段。現在我們需要給孩子力量，讓他們將一點點的小變化衍生成更安穩的變化。汝珍現在國三，如前面所述，青少年的心理安定後，最大煩惱就是學業成績與未來出路。汝珍現在需要一個未來藍圖，不能「盲目努力地找」，她需要自我發掘想要做什麼，擅長什麼，以及對什麼感到興趣。

STEP 5・尋找汝珍的認知樂趣及創造連結橋梁

哈佛大學幸福學教授塔爾・班夏哈（Tal Ben-Shahar）提出找尋人類幸福的三大關鍵字：樂趣、意義和優點。找到三者匯集之處，有助於判斷什麼事情會讓自己最幸福快樂。

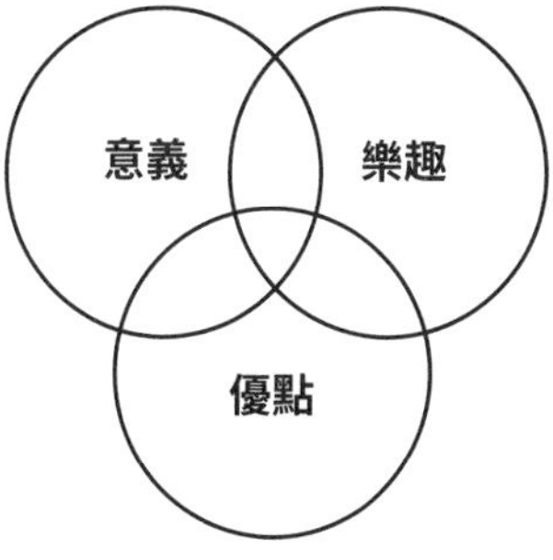

● 覺得什麼有趣？

● 什麼對自己有意義？

● 我有什麼優點？

汝珍對零售業工作很感興趣，她一直很想趕快成為高中生，就能出去打工了。但她想打工的地方不是一般大學生去的咖啡廳或便利商店，而是東大門市場。她很好奇市場的運作、衣服的製作，以及設計衣服的人等等。後來發現她和校外朋友一起待到這麼晚才回家，最常去的地方是東大門的平和市場與夜市；朋友若不想去，她依然會一個人去逛市場。從晚上十點開門到凌晨半夜的生意，全國的商家都北上批發，這個地方是汝珍最喜歡的遊樂場。雖然現在有很多地方適合給喜歡衣服的青少年逛，但像她這樣熱愛傳統市場，想在這裡工作的孩子已經很少見了。得知汝珍的常去的地方後，父母安心許多。

我向父母解釋：他們應該要為孩子建立橋梁，幫助孩子與自己喜歡的事物產生連結，這非常重要。於是，父母打算給她一個機會。經朋友聯繫介紹，決定讓她在國三寒假的時候，到平和市場的衣服批發店打工。汝珍非常高興，彷佛實現夢想。

除了寒假打工計畫之外，汝珍也開始學習美術設計，她的生活變得不一樣了。每天都去上學，只在周末跟校外朋友們見面，還跟同學組一個讀書會。改變的速度雖然緩慢，但方向穩定。不要著急，相信孩子，一步一步慢慢走，一定可以的。父母偶爾也會提供一些服飾與物流相關的雜誌報導資料，汝珍也提議每月一至兩次和媽媽一起逛東大門市場買衣服。

有一句話說「請給患者所需要的」。現在她需要的是自己與外面世界的連結橋梁，不一定是學校課業，汝珍有自己感受到認知樂趣，以及誘發好奇心的領域。角度轉換一下，孩子也能擁有夢想，促進自我成長，不一定只能在學校和補習班被動地接受知識。

看到汝珍往更好的一面發展，媽媽失去原本的平常心，開始渴望更多的改變。她希望孩子能過得更好，想要送女兒去念美術高中。想讓孩子去念好學校，在外人看來不是一件壞事，但如果忽視孩子細膩的心思，很有可能回到以前不堪的模樣，汝珍好不容易對自己的生活抱持希望與期待，我衷心建議父母：若孩子不願意，就不要這麼做。所幸，他們都很聽諮商師的建言。

最後，我建議汝珍和父母：萬一未來又開始產生擔憂與不安的話，為防止彼此衝突，可以先檢測自己的感受與想法。利用五階段「A-FROG」法則評估思考妥當性。認知心理學的A-FROG法則可以幫助自我評估判斷，自己現在腦海出現的想法是否合理。如果擔心孩子，或孩子對父母產生過度負面的想法，都可以透過此法則，尋找解答。

A：Alive（我的想法能持續讓我活著嗎？）

F：Feel（我的想法結果會讓我心情變好嗎？）

R：Reality（我的想法是實際狀況嗎？）

O：Others（我的想法有助於我與他人的關係嗎？）

G：Goals（我的想法有助於達到我的目的嗎？）

如果以上五個提問，不能全部回答「是」的話，那個想法很可能產生逆向效果，被扭曲了。青少年既是一位大人，又還是未成熟的孩子；既獨立，又依賴；想要做好一切，但實力仍不足。在這個過渡期，如果父母不斷地追著孩子不好的那一面，告訴他是一個多糟糕的人，真是揠苗助長。

我和爸爸媽媽約定好，當他們的心裡覺得孩子又違反約定，只知道玩的時候，先利用上述的A-FROG法則分析那個想法是否可以讓自己活？這樣想會讓自己的心情變好嗎？那個想法符合現實嗎？有幫助親子關係嗎？以及能否幫助她腳踏實地過生活，與父母和平相處？常常，這樣問下來，心情就會比較容易平靜而不焦躁了。

曾經一路順遂的孩子如果「變壞了」

我家孩子該怎麼辦才好？

「如果其他孩子因為接受醫生您的心理諮商而考上醫大，我們家孩子也要。」

上述那段話是一位男高一生建宇媽媽進諮商室對我說的第一句話，我非常驚訝。雖然碰過很多父母拜託我讓孩子認真讀書，但第一次遇到這麼直白的。老實說，如果有孩子因為接受心理諮商輔導後考上醫大，除了因為他內在的心理問題解決之外，主要也是因為他是一個學習能力出色的孩子。有不少孩子在接受心理諮商後，慢慢穩定情緒，開始提升學業成績，但這是因為他解決了內心困擾痛苦的問題，恢復學習的動機，比以前更能努力或專注讀書而產生的現象。另外，解決孩子的情緒問題之外，若學習動機或學習策略、集中注意力有問題的話，則可透過認知學習節目，提升視聽覺專注力與課業的執著，取得好一點的學業成績。

「因為接受心理諮商，所以考上醫大」，這個因果關係不成立。不過，有些父母總是在賭，他們拚命送孩子去補習班，以為這樣就能提升成績，所以他們到了諮商室，同樣抱持類似的幻想與期待。媽媽帶孩子來接受心理諮商，目的不在幫助孩子解決心理問題，鼓舞孩子勤奮向上，而是要求我讓孩子可以考上醫大，聽到這話，我的心都涼了一半。

「如果您諮商目的是讓我協助孩子考上醫大的話，非常抱歉，我無能為力。」

一聽完，媽媽很慌張：「我不是這意思……」並開始吐露她內心真實的想法：建宇國小時是一個很聰明的孩子，通過資格進入教育局掌管的英才教育學院，曾經上過數學與科學天才的節目，國小六年都當班長。我大致可以猜想到為什麼媽媽想要兒子考上醫大了。

仔細看了諮商申請書，媽媽勾選孩子的問題包括：成績退步及跟同學老師關係不好。原本很會念書的兒子，一夕之間突然說他不想讀書了。媽媽以為他只是累了，不想再當資優生，但沒想到他竟然開始與一些奇奇怪怪的朋友鬼混。升上國中，整天玩遊戲泡在網咖，不想聽父母說的任何話，不給他零用錢就大叫、丟東西。成績一直退步，叫他別跟那些朋友玩，竟然頂嘴要父母不要管他，還曾經在外混到超過半夜十二點才回來。

媽媽說孩子跟那些玩樂的朋友在一起變壞了，希望兒子可以與那些朋友斷絕往來。聽完媽媽粗略的訴苦後，我有點鬱悶。一進診間就先拜託我讓孩子考上醫大，現在又要求我幫她斷絕兒子與那些朋友的來往，我一個心理諮商師根本做不到，而且讓我最不能認同的是，媽媽將孩子出問題的原因全歸咎於外部因素。媽媽不分青紅皂白，劈哩啪啦說了一堆，連我這個諮商師聽得都心情厭煩，甚至有了念頭：「我下次不要再接受這位媽媽的諮商。」但我必須誠實以告，才能決定接下來該怎麼做，於是說：

「先跟您說聲抱歉，我不認為孩子出問題跟遇到壞朋友有關。他是一個聰明的孩子，就算遇到一兩個壞朋友，也不至於變成那樣。雖然我說這些話，您聽了會不舒服，但我必須誠實對您，才能決定要不要繼續進行下去。您說建宇國小時是一個非常優秀的孩子，那他本人對這段時期同樣覺得驕傲嗎？」

媽媽嘆了一口氣說：孩子並不這麼認為。雖然他的能力足以上英才教育學院，但他始終不想去上課，偶爾也會偷偷蹺課。媽媽說看到孩子消極的態度，她又氣又悶。所以常嘮叨孩子，教訓孩子。總而言之，媽媽在生下孩子後，便懷抱一個宏偉的夢想，但孩子被媽媽偉大的夢想壓垮了。

我很好奇建宇這一個孩子，他擁有卓越的能力，卻要接受如此辛苦的壓力，我很心疼，也很想幫他。但建宇拒絕接受心理諮商，而我又很難單以媽媽的片面說詞給予幫助和改善，於是，我勸建宇做心理測驗。所幸，他同意接受測驗了解自己的智力、職業性向、未來出路與現在的心理狀態。

我也不知道自己為什麼會這樣

測驗時，建宇說的話令我心痛。他對於進英才教育學院這件事是開心的，雖然有點累，但那不是每個人都能進的地方，他很自豪，也喜歡裝作自己很厲害。但學院裡的作業難度高，裡面比他更強的人多很多。可是只要他一擺出很累的表情，媽媽會說服他可以做得好，再多努力一點就行了。因此，他在非常疲憊的狀態下升上國中。

媽媽準備讓他上特殊高中[11]，因此送他去大峙洞的補習班。但在那裡，建宇更挫折了。他對英文沒有自信，與朋友發生小爭執的時候，朋友自以為厲害用英文罵人，他忍不住拳頭相向。自尊心受傷的建宇澈底放棄讀英文，在一次面對自己很有信心的數學考試失利後，壓力變得更大，從這時候起，建宇慢慢顯露與以前不一樣的態度。期待兒子上特殊高中的媽媽看見他這副模樣，太折磨了；相對地，建宇面對這樣的媽媽一樣很痛苦，便開始徘徊在外不回家。

接受心理測驗與分析結果的過程中，建宇的心境產生變化，他表示自己只願接受六次心理諮商。我問為什麼是六次，他回答：「我想大概六次就能講完心中所有的話。」他雖然無法使用語言表達內心產生變化的要素，但確實正在改變。針對與媽媽談論過程中所產生的疑問，我問了建宇：

「聽說你經常和媽媽講話講到一半生氣，對嗎？」

「對。我常這樣，但你知道我生氣的理由嗎？」

「因為怒火？」

「對，是這樣沒錯，但還有另一個真正理由。那就是唯有我生氣，媽媽才會停止嘮叨。」

「所以你生氣是為了讓媽媽停止嘮叨？你很辛苦吧！」

「當然，但每次都要我大聲尖叫，媽媽才會停下來。」

「那不會越來越生氣嗎？」

「會啊！但不知道為什麼？媽媽開始嘮叨的話，偶爾我會不自覺傷心流眼淚。當我哭的時候，媽媽又會說我什麼都做不好，哭什麼哭，反而更加嚴厲地教訓我。所以，我決定要比她先發脾氣。媽媽一開始也會對我大吼大叫，過一陣子才會停下來。要不是媽媽，我也不會這樣做。現在，大吼大叫似乎成了我們倆的習慣。」

建宇的行為必然有問題，但問題行為的原因不只出自於他本人，大家可以感受到他的迷茫與挫折嗎？建宇是一位非常孤單迷茫且傷心的青少年，他突然說道：

11 韓國高中體制除了一般綜合高中以外，還可分為自律型高中、特殊目的高中和特性化高中。特殊目的高中（特目高）是「以特定領域之專業教育為目的」的高中。例如：外語高中、科學高中，以升學為導向，入學門檻相當高，但考進這些學校就等同有前往名門大學的入場券，是許多學生與家長們心心念念進入就讀的地方。

「我，人生全毀了吧？」

「你覺得你毀了嗎？」

「我不知道。」

「遇到這樣的事，讓你變成這樣也不是你願意的啊！你說這樣是毀了？」

「我以後會變成什麼樣？」

「你以後會變成什麼樣，我更不知道了。但你想往哪個方向走呢？」

「什麼意思？」

「我是問你想要往哪個方向前進？看你現在往哪個方向走，最終盡頭會不一樣。」

最後一問，他沒有回答，大概是浮現各種想法吧！孩子該有多不安才會問這種問題，真令人心疼。與媽媽所說的有點不同，建宇非常擔憂自己現在的狀態，跟朋友混或反抗媽媽的時候，他的心情也不平靜。為了讓陷入擔憂的他可以更客觀一點看自己，我提了另一個問題：

「這是另一位高三哥哥的故事，你聽完後再說說感想。那位哥哥升高中以前，非常認真讀書。可是上了高中後，他沉迷玩遊戲，不好好讀書，反抗父母的管教。三月第一個模擬考搞砸了，他覺得這件事嚴重性極高，於是開始接受心理諮商。那位哥哥現在非常擔心自己人生就這樣毀了，煩惱該怎麼辦才好？聽完這個故事，你對這位哥哥有什麼想法嗎？我有三個問題想問你：第一、這位哥哥真的毀了嗎？第二、他往後應該要以什麼樣貌生活？第三、你覺得這位哥哥是怎樣的人？」

「一時貪玩，不算毀了吧！打起精神讀書，成績很快就會回來了，不是嗎？自己開始為自己擔心，表示他以後不會過得像之前那樣，對吧？現在開始努力念書，萬一時間真的不夠用，大不了重讀一年，也沒關係。反抗父母覺得很抱歉，以後別再這樣就好了。最重要的是，能煩惱這些，代表他本質是不錯的，不是嗎？」

雖然改編過一點情節，但這個故事其實說的就是建宇。無論大家怎麼跟青少年說「沒關係的」，他們心裡仍無法這麼想，所以將自己換作第三者，便能好好評價自己了。

「哇，真棒。建宇說的話，我會好好轉達給那位哥哥。不過，我聽起來，你剛剛那番話彷彿也是在對自己說，是嗎？」

「我的問題更嚴重，不過我也會慢慢好起來的，是吧！」建宇笑著回答，那個笑容真美。「醫生，現在的我也很不錯吧？」

「要是我說沒有，就沒有嗎？我說對，就是對的嗎？你自己的想法才是最重要的，你怎麼想？」

「我覺得很不錯。」

建宇需要媽媽扮演的角色

現在該矯正的是媽媽對待建宇的態度。孩子在心理諮商過程中慢慢改變，但父母在家對待孩子的態度仍然不變的話，孩子重新陷入惡性循環的危險率很高。現在我們來探討媽媽的心境，為什麼只會督促孩子？

建宇媽媽是一個「直升機媽媽[12]」。兒子的大小事一切都要管控，爸爸的地位非常渺小，除了陪孩子一起玩，爸爸沒有其他功能。媽媽負責管理孩子所有的生活，為了他的成績犧牲非常多，也投資非常多的金錢。所以媽媽讓建宇接受心理諮商的目的，不在於他的心理健康，是希望他能變回以前那個很會讀書的聰明小孩，輕輕鬆鬆進入特殊高中，最終考上醫大。這種媽媽影響孩子生長環境非常大，無論孩子做什麼，都可以感受到媽媽的存在，無法自由選擇，導致自我實現的經驗不足。我可以充分理解孩子成長的過程中，會有多辛苦。

孩子當班長，聽到他人稱讚聰明，媽媽彷彿獲得成功的人生，非常滿足。但看到孩子變成這副模樣，她就很受挫，也很怨恨孩子，彷彿孩子背叛了她，覺得痛苦。媽媽還留戀著兒子國小時聰慧的模樣，確信只要孩子下定決心，任何事都一定辦得到，所以非常執著於改正孩子的態度。

可是，令人惋惜的是，媽媽執著於孩子的成績與入學考試，卻沒發現「與孩子建立好關係」的重要性。她不懂得孩子真正想要的是什麼，再加上她的個性是凡事都要澈底規劃好，無法接受與自己不一樣的想法。最讓建宇生氣的一點是，媽媽對他的態度總是前後不一。

---

12 直升機父母(helicopter parent) 是指過分介入兒女生活，保護或是干預其生活的父母，因為類似直升機一樣的盤旋在兒女身邊，故稱為直升機父母。

首先，媽媽不會完全表達自己的意思。她允許建宇可以休息玩個遊戲，可是休息的這段時間裡，又不斷瞪著眼睛看他打遊戲或玩樂，讓建宇一點也不相信她說的話。媽媽不但未能意識到孩子需要真正的休息，連讓他休息或玩樂的目的，也只是為了要指使他繼續讀書。等建宇情緒爆發，她嘴上雖說不讀書也沒關係，可是當孩子一拿起手機，自己又在那邊生氣，兩人關係不斷產生惡性循環。因各種心理不安而沒辦法專注讀書的孩子，在媽媽眼裡看來卻是：「想做的都給你做了，你還不好好讀書啊！」

通常青少年都是在這個點上與父母發生摩擦衝突，他們埋怨不了解自己複雜心理狀態的父母，以及嘴上說「讀書不是最重要」卻又經常因課業問題罵人，**說話不真心的父母，導致他們無法信任父母**。孩子也很想集中注意力，可是身體就是做不到，面對這樣的狀況，他們很憤怒。父母抱怨孩子為什麼只顧著打遊戲，看電視？其實孩子玩不單純是因為想玩，而是在打遊戲或看電視的時候足以讓他們忘卻現在的痛苦。青少年心裡同樣很想趕快度過這段時間，脫離窘境。身為父母，應該如何協助孩子？

建宇是一個優秀的孩子

我接受心理諮商是希望媽媽可以改變。而建宇也希望媽媽可以改變，所以他想藉由心理測驗結果向她展示自己內心的痛苦，希望她能夠明白他與反省自己。藉由孩子的心理測驗結果，以及我和雙方談話的內容事實，我再度和媽媽進行一番談話。首先，我問她是怎麼看見孩子的讀書潛能的？

「這孩子很聰明。小時候都還沒正式教他讀字，自己看懂了。感覺我好像撿到寶。小時候，我沒什麼父母運，看到兒子資質聰慧，彷彿獲得全世界。」

我稍微可以理解媽媽過去的行為，在媽媽的成長過程中，遭遇到很多苦難，傷痕累累，於是非常渴望人生有所變化。看見優秀的兒子，彷彿可以完成自己未能實現的夢想，媽媽說：

「醫生您第一次見到我的時候，嚇到了吧？我說為了送孩子上醫大，所以來接受心理諮商。其實，這話我也是不自覺脫口而出。我也知道這句話聽起來給人的感覺是什麼，但不知為何我卻把藏在心底的話說了出來。我從不曾親口說過希望他能上醫大這種話，深怕說出這種話會折了福氣。」

媽媽能對我這麼說，我反倒安心，慢慢感覺可以和她延續話題了。如果她沒有這一點的自我理解，恐怕需要很長一段時間的心理諮商才行。媽媽不隨意說出口，一直收藏在心底的這個夢，其實是媽媽自己想要的生活，所以，我幫她制定了一份諮商目標計畫：

一、檢視自己和孩子的關係。親子關係變好，孩子才會表露內心想法，抑制他在外玩樂的行為。如前述所強調：製造與孩子一起笑的時光，以及向孩子表達感謝。媽媽領悟後，開始以自己能力所及的範圍實踐之。

二、媽媽必須了解自己想要透過孩子實踐自我夢想和心理需求的這個事實。由於媽媽申請的是孩子的心理諮商，非個人的心理諮商，所以要聽取她栽培孩子與她自身成長的故事時間有限。媽媽未解決的心理課題其實是未完成的學業，由於家境貧困，她雖然很會念書，但不得不進入高職就讀。她一直很羨慕其他人能上大學，所以才會拚命鞭策兒子。不過，她已經做得比自己的媽媽更好了，至少她擁有支持孩子做任何事的經濟能力。

三、為了孩子的心理修復與成長，得劃定媽媽的角色與界限。除了照顧孩子的食衣住行外，媽媽需要具體了解怎麼做才能真正守護孩子的內心。她經常以行動表達關愛與尊重，卻讓孩子會錯意，如：因為愛，所以責罵；因為孩子的未來，所以要求孩子用功讀書。

早上醒來的時候、吃飯的時候、孩子賴床的時候、孩子走到玄關穿鞋的時候、上下學回來的時候、趴在沙發上的時候、不寫功課拖拖拉拉的時候、太累說要在補習班休息的時候、和朋友傳訊聊天一個小時的時候、拿手機看網路漫畫的時候……媽媽需要練習在這些時候，如何跟孩子說話。

四，練習溝通的同時接受心理諮商，激發媽媽的力量。找出媽媽做得很好的地方與其優點。

懷建宇的時候，您做了哪些胎教，所以孩子天生資質聰慧？您都唱了那些搖籃曲？跟睡著的建宇都說了些什麼？建宇第一次喊媽媽的時候、第一次會站立走路的時候、跌倒哭的時候、開始不斷一直問「這是什麼？那是什麼？為什麼？」的時候，以及不睡覺吵著要說書給他聽的時候，媽媽都怎麼做？

聊一會後，媽媽的優點漸漸浮現：她總是先向孩子說話，眼睛看著孩子對他笑。她也很擅長聽孩子說話，還有孩子吵著要媽媽念故事給他聽的時候，媽媽同樣是很幸福的。她一邊說著，一邊想起小時候的建宇，又笑又哭，彷彿找回一點從容了。

五，擁有一些時間去理解孩子現在不得已的樣貌，以及從旁協助媽媽發覺自己在培育小建宇的時候做得不錯，但自某一刻起因自己的焦躁不安與貪心，讓她忘卻自己原本的樣貌。整理我和她的諮商內容如下：

- 思考孩子的優點。
- 理解孩子現在有這顆心，想要努力改善與媽媽之間的關係。
- 兩人彼此攤開心胸，體驗互相理解的感覺。
- 媽媽與孩子手牽手，四目交接，媽媽向孩子道歉自己沒能先察覺到他的心情，並給予安慰。

大概進行十次，因懇切渴望的心，媽媽很努力照著方法做，孩子的行為開始有改變了。最後一次我邀請建宇一同與媽媽進行家人治療的時候，讓他知道一些他應該要知道的媽媽的真心，以及他前所未聞媽媽的過往故事，並請媽媽真心向他道歉。一剛開始，建宇很尷尬，覺得害羞彆扭，但漸漸地，他開始願意和媽媽互吐真心。他告訴媽媽自己有多辛苦，非常埋怨媽媽，也很抱歉自己不夠努力。當他說到很抱歉沒能符合媽媽期望的時候，雙方眼眶都濕潤哭了。

建宇一點一點地回到正軌，他主動說想要接受認知學習診療檢測自己的學習問題，想要找尋適合自己的學習策略，並想知道如何規劃擅長與非擅長科目的讀書計畫。

媽媽以前的過度積極造成孩子疲憊，在修正方向之後，媽媽與兒子之間成為可以互相鼓勵的關係，即使日常生活中總會出現一點摩擦與爭執，但這一次的修復關係經驗，讓他們有能力可以在往後的生活裡解決任何摩擦與衝突。

最後我建議媽媽去學一些自己喜歡的興趣，在這個終生學習世代裡，大家都能透過各種管道進行學習。在我提議後，媽媽感到非常意外，表示自己怎麼沒想過可以這麼做。媽媽不過四十歲出頭，卻自認為人生無法有所改變，才將所有的寄託放在孩子身上。我期待諮商結束，恢復與兒子之間的健康關係後，媽媽也能找到屬於自己的一條路。

後記——

與青少年溝通的十誡

父母都期望孩子長得比自己更高更壯，當然孩子自出生以後都有無限茁壯的可能性及潛力。如果你想成為能夠培育優秀孩子的父母，或你感覺與孩子之間的關係發展停滯，甚至退步了，請重新翻閱這本書，願你能在十誡的其中一誡之中，找到恢復與孩子溝通的方法，再次看見孩子滿面的笑容。

1. 一天內，和孩子之間的對話包括「對不起」、「謝謝你」和「我愛你」三句。

若不希望孩子一下子就生氣甩門，父母須懂得在犯錯的時候先向孩子道歉；對孩子感謝的時候跟他說聲「謝謝你」。尤其父母能認錯向孩子道歉的話，是最好的。不能因為羞怯或自認為不說他們也會懂，而忽略「對不起、謝謝你」。該抱歉的時候，說「對不起」；該感謝的時候，說「謝謝你」，打開青春期孩子的心房，他們才會接受父母的愛意。還有，最後再以「我愛你」三個字結束每一天吧！

2.「幸好有你」替代「都是因為你」，換個心態與說法。

一氣之下，你可能很想罵孩子，但罵人之前先改換成「幸好」的角度思考孩子的所作所為，將有助於平復心中的怒氣，並更能感受到孩子健康活著的珍貴。

3.每日做一件與孩子共度歡笑的事情。

一起共度歡笑的時光是修復彼此關係的最佳治療劑，也是孩子心理能量的充電來源。彼此的一言一行都能是歡笑的引爆點。

4.當孩子正在經歷挫折與失敗的時候，請站在他這一邊。

孩子成績退步，與朋友相處不好，這些時候父母會難過，但更難受的是孩子本人。這時候父母可以送他平時想要的小禮物，並告訴他：這一切都會過去，無論遭遇到什麼情況，爸爸媽媽永遠都會待在他身邊。

5.能遵守的約定，一定要遵守。

一定要重視與青春期孩子訂下的約定。倘若孩子要求一個無法遵守的約定，父母一定要明確地拒絕，這樣孩子反而更能有厚實的安全感。然而約定後，萬一沒能遵守，父母必須真心向孩子道歉，並換成能夠遵守的約定代替原本的，讓孩子產生自己被認同與尊重的感覺。

6.再心急，偶爾也要深呼吸忍耐。

父母在消氣之前所說的話幾乎跟語言暴力沒什麼兩樣，說越多，越容易激動，導致說錯話、關係惡化。父母破口大罵，孩子越會故意唱反調。

7.別期待孩子做出他不想做的事。

如果父母希望孩子能有什麼作為，首先應該想一下該如何說服孩子產生想做的意願。任誰都沒有這個能耐，可以讓孩子做他不想做的事。

8.從旁協助孩子以新的視角思考。

孩子批評不公，不滿父母「說話前後不一」時，不應該罵孩子叛逆、不聽話，因為這樣等同於否認孩子的思維能力。父母應從旁協助孩子發展思維能力，所以可以換個說法：「你懂得判斷了啊！你可以冷靜下來，跟爸爸媽媽多說說你的想法嗎？」

9.在尚未跟孩子建立好關係的狀況之下，父母對孩子無任何影響力。所以請先修復親子關係吧！

如果尚未跟孩子建立好關係，大人對他們一點影響力都沒有。當孩子渴望改變的時候，不想要大人的指令和忠告。因此，父母可以準備一些孩子特別喜歡吃的料理，一同坐下聊聊，更有效。

10. 以孩子想要的方式表達愛意。

雖然不用接受孩子的每個要求，但若孩子只想要一雙名牌運動鞋，父母可以減少其他開銷來回應孩子的要求，以示自己真心想要滿足孩子的願望。尚且年幼善良的孩子見到父母對自己付出的心意，會很感動。唯獨他們不擅於表達，所以父母示意之後也別太失落。

國家圖書館出版品預行編目 (CIP) 資料

我想遇見這樣的大人：兒少諮商專家親授 5 技巧，打開青春期孩子的心房 / 李林淑著；陳彥樺譯 . -- 初版 . -- 臺北市：遠流出版事業股份有限公司，2021.08
面；　公分
ISBN 978-957-32-9193-0（平裝）
1. 親職教育 2. 親子關係 3. 青少年心理

528.2　　110009363

我想遇見這樣的大人

兒少諮商專家親授 5 技巧，打開青春期孩子的心房

作　　者｜李林淑
譯　　者｜陳彥樺
總 編 輯｜盧春旭
執行編輯｜黃婉華
行銷企劃｜鍾湘晴
美術設計｜王瓊瑤

發 行 人｜王榮文
出版發行｜遠流出版事業股份有限公司
地　　址｜台北市中山北路 1 段 11 號 13 樓
客服電話｜02-2571-0297
傳　　真｜02-2571-0197
郵　　撥｜0189456-1
著作權顧問｜蕭雄淋律師
ISBN｜978-957-32-9193-0

2021 年 8 月 1 日初版一刷
2021 年 11 月 11 日初版二刷
定　　價｜新台幣 380 元
（如有缺頁或破損，請寄回更換）

YLib.com 遠流博識網
http://www.ylib.com
Email: ylib@ylib.com